일론 머스크 디스럽션 X

일론 머스크 디스럽션 X

ELON MUSK　DISRUPTION X

추·동·훈 지음

매일경제신문사

프롤로그

전 세계가 코로나19 바이러스와 전쟁을 치르던 2021년 여름, 뉴욕 특파원으로 낯선 미국 땅을 밟았던 그날이 생생하다. 대책 없이 이민가방 2개와 트렁크백 2개를 덜렁 들고 도착한 뉴욕은 생각보다 무더웠고 코로나로 한층 예민해진 기분 탓에 긴장을 늦출 수 없었다. 눌려있던 이민가방은 새어나온 김칫국물로 축축해져 마치 험난한 미국 생활을 예고하는 것 같았다. 이역만리 미국 땅에서 영락없이 한국인 티를 풀풀 내며 숙소로 향하는 셔틀버스에 올랐다.

미국에서 마주한 첫 번째 문제는 언어소통도 인종차별도 아닌 '자동차'였다. 미국에서 차가 없으면 신발을 신지 않은 것과 마찬가지다. 장을 보려 해도, 식당을 가려 해도, 관공서를 가려 해도 차가 필요했다. 급한 대로 중고차를 구하러 나섰다. 그러나 쓸 만한 중고차들은 전부 실종 상태였다.

역시 코로나19 때문이었다. 코로나19 대유행 초기, 출근 대신 집에 머물며 재택근무를 하거나 아예 일을 하지 않은 미국인들이 넘쳐났다. 사람들이 일터로 가지 못하니 당연히 많은 일들이 멈췄다. 공무원들도 일하지 않아 운전면허도 신분증명서도 발급받지 못했다. 공장이 문을 닫아 제품들은 생산되지 못했다. 마트를 가득 채워야 할 물건들이 부족해지자 매대는 텅텅 비었다.

자동차도 마찬가지로 만들어지지 못했다. 엎친 데 덮친 격으로 자동차에 쓰여야 할 반도체 칩들도 생산되지 못했다. 자동차를 조립할 사람이 있더라도 어차피 부품이 없어 만들지 못했다. 당연히 신차 가격이 치솟았다. 일부 차량은 코로나19 대유행 이전보다 2배가량 비싼 가격에 팔렸다. 터무니없는 가격 탓에 수요는 중고차 시장으로 넘어갔다. 이번에는 중고차 가격이 급등했다. 그 피해는 이제 막 미국생활을 시작한 나에게 돌아왔다.

자동차 평가업체 켈리블루북KBB에 따르면 2021년 12월 판매된 새차의 평균 가격은 4만 7,077달러로 전년 동기 대비 14%가량 올랐다. 이는 9개월 연속 상승한 수치다. 또 자동차 데이터 분석기업 에드먼드에 따르면 2021년 12월 평균 중고차 가격은 2만 9,969달러로 1년 전보다 무려 30% 급등했다.

가격은 싸지만 성능은 좋은 중고차를 사겠다는 계획은 중고차 매장을 찾자마자 보기 좋게 깨졌다. 온라인 사이트에서 손쉽게 찾을 수 있었던 가성비 중고차는 눈을 씻고 봐도 찾을 수 없었다. 괜찮다는 매물은 싹 다 팔리거나 시장을 떠난 지 오래였다. 남아있는 차량은 신차보다 비싼 중고차 또는 운행해도 될지 걱정스러운 고물차뿐이었다. 결국 인생은 실전임을 새삼 깨닫고 결국 목표 예산보다 무려 10배나 비싼 차를 살 수밖에 없었다.

이렇게 뉴스로만 접했던 미국발 인플레이션 공포는 미국에 막 도착한 한국촌놈의 코를 베어갔다. 지금에서야 찾아보니 미국에 도착했던 2021년 8월, 미국의 소비자물가지수CPI는 전년 동기 대비 5.3% 상승했다. 불과 6개월 전이던 2021년 2월(1.7%)보다 3배가량 높아진 것이었다. 그렇게 미국 물가상승 태풍의 눈 한복판에서 생존을 위한 투쟁을 시작했다.

이후 미국에서의 생활은 미국판 '체험 삶의 현장'을 방불케 했다. 인플레이션 여파는 의류비, 식료품비, 렌트비 등 의식주 곳곳으로 옮겨붙으며 가계 소비 부담을 늘렸다. 해가 바뀌자 기다렸다는 듯이 아이들의 어린이집 비용, 병원 진료비, 커피값, 각종 입장료 등이 줄줄이 인상됐다. 테이크아웃으로 음식을 포장해 가거나 배달시킬 경우 지불하지 않았던 팁은 마치 당연히 내야 할 부가세금처럼 자리잡았고 올라간 음식값만큼 팁도 올라갈 수밖에 없었다. 코로나19로 인해 각종 부품이나 완성품 제작이 미뤄지면서 자동차나 전자기기를 수리하지 못한 채 기다려야 했고 집에 고장난 곳이 있더라도 일단 버티거나 아니면 비싼 비용을 지불해야만 고칠 수 있었다. 인플레이션으로 인해 뉴욕에서는 연봉 10만 달러(약 1억 3,000만 원)로는 중산층 소리도 듣기 힘들다는 게 현실이었다.

코로나19 때문에 무제한으로 풀렸던 유동성도 2022년 들어 본격적으로 축소됐다. 2020년 3월부터 시작됐던 미국의 제로금리 시대는 2년 만인 2022년 3월 미국의 중앙은행 연방준비제도 Fed의 금리인상으로 막을 내렸다. 이후 연방준비제도는 열 차례 연속 금리를 인상하며 기준금리 5% 시대를 열었다.

인플레이션을 잡기 위해 금리인상이 본격화되던 시점, 예상치 못했던 폭탄이 터졌다. 2022년 2월 시작된 러시아–우크라이나 전쟁이다. 유럽발 전쟁 리스크는 안 그래도 활활 타오르던 미국 인플레이션 문제에 기름을 통째 부었다. 전쟁 직후 국제 유가는 배럴당 130달러를 돌파해 13년 만의 최고치를 기록했고 미국의 소비자물가지수는 2022년 6월 9.1%를 찍으며 41년만의 신기록을 썼다.

급작스러운 유가 급등은 미국의 소비시장에 직격탄을 날렸다. 연일 치솟는 기름값에 버티지 못한 사람들은 차를 탈 수 없었다. 주말을 맞아 떠나야 할 쇼핑도, 여행도, 레저생활도 자발적으로 포기했다. 모두가 고통받던 이때, 한 기업이 미소 지었다. 바로 테슬라다.

유가 공포에 치를 떤 운전자들은 전기차로의 환승을 택했다. 예측불허였던 코로나19가 촉발한 나비효과가 궁극적으로 테슬라에 기회로 작용했다. 그간 전기차 인프라를 확대하고 판매량을 늘리기 위한 노력이 무색할 정도로 코로나19는 테슬라의 성장을 이끈 핵심 키워드가 됐다. 게다가 다른 제조차 기업과 마찬가지로 테슬라 역시 코로나19 셧다운으로 인해 생산 공장이 수개월 멈췄다. 수요는 끝없이 늘어나는데 공급은 턱없이 부족했다. 당연하게도 차량 가격을 올렸고 그럼에도 불구하고 차량을 받기 위해 1년 이상 기다려야 했다.

사실 미국에 도착하기 전 내게 테슬라는 괴짜 경영자 일론 머스크가 경영하는 미국의 전기차 기업 정도였다. 물론 서학개미 투자자들이 가장 사랑하는 기업으로 광신도급 팬덤을 보유하고 있으며 반대로 가장 과대평가 받는 기업이라는 비판도 알고 있었다. 하지만 미국 현지에서 접한 테슬라에 대한 관심은 상상을 초월했다.

국내에서도 일론 머스크와 테슬라의 일거수일투족은 곧잘 뉴스로 보도된다. 하지만 미국 현지에서 체감한 테슬라에 대한 관심과 팬덤은 예상보다 훨씬 컸다. 내로라하는 현지 메이저 언론에서는 하루가 멀다하고 관련 뉴스를 쏟아냈고 일론 머스크가 트위터에 글을 올리는 즉시 경쟁적으로 이를 속보로 보도했다. 의도가 불분명한 머스크의 트윗 한 줄, 한 단어를 놓고 언론사들은 진의와 함의 그리고 행간을 분석하는 데 공력을 기울였다.

또한 현지의 각종 전기차 전문가, 테슬라 분석가들은 테슬라와 관련된 정보라면 글자 하나, 사진 한 장 놓치지 않았다. 이들은 트위터, 페이스북, 인스타그램 등 각종 SNS나 유튜브 채널, 블로그 등을 통해 테슬라 관련 소식을 실시간으로 공유하고 이야기했다.

아예 테슬라와 관련된 정보만 취급하는 언론사나 유튜버, 인플루언서들이 활약하며 단순 팬덤이 아니라 전문성과 공신력을 갖춘 테슬라 미디어들도 넘쳐났다. 오히려 기성 미디어보다 이들은 한발 빠르고 정확한 정보, 보다 깊이 있는 분석으로 투자자들로부터 인정받았다. 특히 스스럼없이 대중과 소통하는 일론 머스크는 테슬라와 관련된 정보에 직접 반응을 보이거나 이들의 질문에 대답하며 든든한 지원군이 됐다. 머스크의 소통 행보 역시 연일 기사화되며 더 많은 뉴스를 생산했다.

이렇다 보니 매일 뉴스를 선정해 정리하고 브리핑을 해야 하는 뉴욕 특파원 업무에서도 애로사항이 발생했다. 매일같이 일론 머스크와 관련된 뉴스가 범람하다 보니 이를 선별하는 것이 중요한 업무가 됐다. 눈을 뜨면 먼저 머스크와 테슬라의 뉴스부터 검색한 뒤 뉴스 밸류를 판단하는 것이 일과가 됐다. 그만큼 미국에서도 머스크에 대한 관심은 뜨거웠다.

코로나19로 촉발된 테슬라의 질주는 거칠 것이 없었다. 시장의 전망치를 보란 듯이 상회하는 실적을 분기마다 내놓았고 양적 성장뿐만 아니라 질적 성장도 수반됐다. 테슬라의 조기성장은 자동차 산업의 패러다임 전환 시기를 앞당겼다.

여유를 부리던 완성차 업계는 부랴부랴 테슬라 따라잡기에 안간힘을 썼다. 토요타, GM, 포드, 현대차 등 글로벌 자동차 제조사들은 '타도 테슬라'를 천명했고 제2의 테슬라를 표방하며 전기차 스타트업이 속속 등장했다.

테슬라의 독주가 이어지면서 미국 정부 및 규제기관의 채찍질도 매서워졌다. 이러한 일련의 사건들은 하나하나가 굵직한 뉴스로 연일 미국 현지에서 보도됐다.

테슬라 역시 가만히 있지 않았다. 테슬라는 2022년 초 미국 텍사스주와 독일 베를린에서 2개의 전기차 생산공장을 새롭게 가동하며 늘어나는 수요에 곧바로 대응했다. 동시에 휴머노이드 로봇 테슬라 옵티머스를 발표하고 슈퍼컴퓨터 도조를 공개하며 AI기업으로서의 경쟁력도 드러냈다.

일론 머스크는 우주개발기업 스페이스X와 제2의 전성기를 맞이한 비트코인 업계에서도 수많은 족적을 남기며 이슈를 주도했다. 그리고 이 시기에 트위터 인수에 나서며 뉴스의 정점에 위치했다. 어려운 인수 작업 이후 트위터의 사명 변경과 슈퍼앱으로의 전환 등 쉴 틈 없이 새로운 뉴스를 만들었다. 이제 머스크의 손길이 뻗치지 않은 혁신 산업은 사실상 없다고 해도 무방했다. 그리고 2023년 챗GPT가 촉발한 생성형 AI 기술 개발 열풍에 일론 머스크가 빠질 리 만무했다. 머스크는 인공지능 전문기업 엑스에이아이x.AI를 설립했다.

사실 일론 머스크가 벌려놓은 사업의 수와 규모 등을 따져보면 마치 여러 명의 머스크가 홍길동처럼 각자의 사업을 운영하고 있는 것이라는 착각이 든다. 한 가지도 제대로 하기 힘든데 각 산업별로 경쟁력을 갖춘 기업체를 운영하며 막대한 시장 영향력을 발휘하는 점은 신기할 따름이었고 이처럼 많은 일을 해내는 머스크의 머릿속이 새삼 궁금하기도 했다.

곳곳에서 쏟아지는 정보 조각들을 수집하고 정리하며 조금씩 퍼즐의 빈틈이 채워지는 재미를 느꼈다. 서로 전혀 연관성이 없어 보이는 파편화된 뉴스들이 한발 멀리 떨어져 바라보면 연결고리로 이어져 있었다. 예를 들어 테슬라의 휴머노이드 로봇 개발과 머스크의 트위터 인수는 전혀 무관한 뉴스 같지만 사실 큰 그림으로 엮어보면 AI 기술을 기반한 사업의 확장이자 슈퍼앱으로 가는 통합의 한 과정으로 보이는 것이다.

그렇다 보니 일론 머스크의 머릿속에 들어가지 못하더라도 그가 내리는 경영자로서의 의사결정, 많은 사람들과 소통하고 이야기를 나누며 은연 중에 의도적으로 드러낸 발언, 그가 밟아나가는 청사진을 따라가며 그의 시선이 머문 지점들을 연결해볼 수 있었다.

홍수처럼 쏟아지는 관련 뉴스 속에서 잠시라도 한눈을 팔면 새로운 뉴스가 지나가버리는 경우가 허다하다. 한두 개의 연결고리를 놓치는 바람에 전체 흐름을 파악하지 못할 뿐 아니라 시간이 지난 다음에는 따라가기도 어렵다. 이 책은 이처럼 이제 막 해외투자를 시작한 서학개미 테슬라 투자자들과 일론 머스크에 관심을 가진 사람들을 위한 지침서의 목적으로 마련했다.

예전 뉴스를 하나하나 찾아보거나 정보를 수집해 정리하는 것이 얼마나 고되고 힘든 일인지 너무나도 잘 알고 있는 만큼 코로나19 대유행 이후 일론 머스크와 그와 관련된 기업들의 행보를 꼼꼼하게 정리하려 애썼다. 물론 책 전반에 걸쳐 담지 못한 세세한 정보, 뒷이야기들도 상당히 많다. 마음 같아서는 하나도 빼지 않고 투자자에 도움이 될 정보를 담고 싶었지만 압축적으로 담으려 과감히 생략한 내용도 많다는 점을 미리 밝힌다.

특히 전기차와 배터리, 우주개발, 로봇 기술과 AI, SNS와 플랫폼 등 그가 운영 중인 핵심 기업을 산업별로 살펴보며 과거와 현재, 그리고 미래에 대해 다뤘다. 또한 산업군별로 머스크의 경쟁자와 경쟁기업들을 두루 살펴보며 치열한 라이벌 구도도 함께 살펴봤다. 부족한 내용이지만 머스크란 인물을 파악하고 그의 사업들을 알아가는 데 미약하게나마 도움이 되기를 바란다.

　책을 집필하며 든 아쉬움은 바로 일론 머스크를 직접 만나보지 못했다는 점이다. 컨퍼런스나 각종 행사에서라도 만나보려 애썼지만 그럴 기회는 오지 않았다. 대신 테슬라에 대한 무한한 신뢰를 보내는 월가의 대표적 친머스크 인사인 아크인베스트의 캐시 우드를 만나볼 기회가 있었다. 그는 테슬라의 기업가치가 여전히 낮다고 강조하며 향후 테슬라가 그려나갈 미래를 여전히 성공적으로 내다봤다. 그리고 머스크라는 인물이 펼쳐나갈 혁신에 대한 신뢰가 느껴졌다. 집필하는 중간 중간 머스크에게 직접 묻고 싶은 질문들을 차곡 차곡 쌓아뒀다. 나중에 머스크를 만난다면 질문지를 건네 답변을 들은 뒤 책에 담을 상상을 해본다.

차례 X

프롤로그   5

Chapter 1. **전기차와 배터리**

왕관의 무게를 버텨라, 왕이 된 테슬라   21

배터리 리더십과 중국   29

북미 전기차 시장의 강력한 팔로워들   53

적과의 동침 꿈꾸는 테슬라의 충전 야욕   61

다음 게임체인저는 무엇일까   73

오토파일럿과 자율주행차   78

라이벌리   리비안, 제2의 테슬라 노리는 전기차 스타트업   85

라이벌리   웨이모, 자율주행 소프트웨어가 하드웨어를 이길까?   92

라이벌리   치열한 경쟁, K-배터리의 운명은?   96

Chapter 2. 로봇 기술 그리고 AI

AI데이에서 선보인 테슬라봇 107

AI 챗GPT의 아버지는 사실 머스크였다? 117

라이벌리 현대차는 로봇 산업의 최대 라이벌 130

라이벌리 네이버의 인공지능 클로바X 134

Chapter 3. SNS의 힘

말 한마디의 파괴적 영향력 143

연쇄 창업가는 왜 트위터를 인수했을까 153

시작부터 위기, 이제는 해피? 162

라이벌리 SNS 황제, 마크 저커버그의 스레드 도전기 169

Chapter 4. 플랫폼의 미래

플랫폼 앱, X 꿈꾸는 머스크 177

1등만 하는 기업가, 슈퍼앱은 추격자 신세 193

라이벌리 슈퍼앱 위챗의 마화텅 203

Chapter 5. 우주개발

막대한 부를 가져다 줄 우주개발 사업　　　　　　213

견제하는 경쟁사, 국가와 맞붙는 머스크　　　　　226

라이벌리　아마존은 왜 우주개발에 나섰나　　　　231

Chapter 6. 반도체 전쟁

자체 칩 개발에 몰두하는 테슬라　　　　　　　　239

점점 확대되는 반도체 전쟁　　　　　　　　　　242

라이벌리　엔비디아, AI가 바꾼 반도체 산업의 미래　　248

부록　일론 머스크와 한국의 기업들　　　　　　　257

전기차와 배터리

왕관의 무게를 버텨라,
왕이 된 테슬라

　100년 넘게 자동차 시장을 이끌어온 내연기관차 시대가 점차 끝나가고 있다. 석유가 고갈되면 미래에는 더 이상 자동차를 탈수 없을 거라는 우려는 이제 쓸데없는 걱정이 됐다. 일론 머스크가 촉발한 전기차 혁명이 자동차 산업의 패러다임을 한순간에 뒤바꾸고 있기 때문이다. 그 덕분에 내연기관차 퇴장의 시기가 예상보다 훨씬 앞당겨지고 있다. 전기로 움직이는 차를 만들고 화성에 사람을 보내겠다는 발언 때문에 머스크는 한때 허황된 '망상가'라는 비난을 받았지만, 이제 그 꿈들이 빠르게 현실화되고 있다.

　숫자로 살펴보는 테슬라의 성장은 더욱 놀랍다. 테슬라는 2017년 연간 10만 3,000여 대를 판매하며 순수 전기차 판매량 최초로 10만 대를 넘어섰다. 이는 당시만 해도 의심으로 가득한 전기차 시장이 본격적으로 형성되는 신호탄이 됐다. 테슬라에 대한 재평가가 이뤄졌고 드디어 테슬라의 시대가 열린다. 테슬라는 2018년 24만 대, 2019년 36만 대로 판매량을 늘려나갔다. 그리고 코로나19 바이러스 대유행이 시작되면서 테슬라는 폭발적으로 급성장한다.

코로나19 팬데믹으로 세계 경제에 대한 위기감이 커지자, 전 세계 중앙정부는 제로금리를 선언하며 유동성을 시장에 공급하기 시작했다. 경기 침체를 막기 위한 긴급처방으로 시장에 풀린 돈들은 각종 소비로 이어졌다. 기업 실적이 박살날 것이라는 우려와 달리 팬데믹 이전보다 더 나은 매출과 실적을 달성했고 뉴욕 증시는 역대 최고치를 갱신하며 신고점을 연일 돌파하는 호황을 맞았다.

이런 거시경제 상황은 이미 성장열차를 탑승했던 테슬라에게 날개를 달아준 셈이었다. 2020년 테슬라는 49만 4,244대를 판매했고 2021년에는 무려 93만 8,535대를 판매하며 전년대비 2배가량 늘어난 판매 성과를 거둔다.

한 가지 문제는 돈이 시장에 많이 풀리면서 자연스레 물건 가격이 오르는 물가 상승을 촉발했다는 것이다. 코로나로 인한 저성장을 우려하며 제로금리를 선언했던 미국에서 오히려 경기 호황과 다름없는 소비가 이뤄진 것이다. 기업들은 경기 침체를 우려하며 생산을 줄이고 재고관리에 나섰지만 결과적으로 부족한 재고와 생산량으로 재화의 가격은 급등하고 수요를 공급이 따라가지 못해서 공급부족, 즉 '쇼티지shortage' 문제가 발생했다.

직접 체험한 미국의 쇼티지

특히 2021년 미국에 도착한 필자는 이를 몸소 체험했다. 미국에 도착하자마자 실행한 첫 미션은 자동차를 구하는 일이었다. 땅덩어리가 넓은 만큼 학교나 직장은 물론이고 슈퍼나 마트에 장을 보기 위해서라도 차는 필수였다. 그런데 중고차가 없어서 못 사는 상황이 발생했다. 물론 웃돈을 보태면 선택지가 생겼지만 당시에는 신차 가격보다 중고차 가격이 더 비쌀 정도로 중고차 가격의 인플레이션이 심각했다. 그렇다고 신차 사기가 쉬운 것도 아니었다. 미국의 신차 판매 시스템상 딜러사에서 수요와 공급에 따라서 판매 가격을 조정할 수 있었는데 신차에도 상당한 프리미엄이 붙어 당시 많은 사람들이 차량을 구입하는 데 어려움을 겪고 있는 상태였다. 결국 기존에 생각했던 예산보다 2만 달러나 더 보태서야 실용적인 브랜드의 중고 SUV를 겨우 마련할 수 있었다.

문제는 계속 이어졌다. 2021년부터 본격화된 물가상승은 꺾일 기미가 보이지 않았다. 2021년도 4월 4.2%로 껑충 오른 소비자물가지수 상승률은 금방 5%를 돌파하더니 2021년 10월 6.2%, 2021년 12월 7%로 급증했다. 결국 22년 6월 9.1%로 정점을 찍은 소비자물가지수는 당시 공포를 넘어 절망적인 시장 분위기를 연출했다.

실제 2021년까지 겨우겨우 버텨나가던 물가 상승의 분위기는 2022년 파죽지세를 보이며 두 손과 두 발을 들 수밖에 없었다. 전세 제도가 없는 미국에서는 주거지의 월 임대료 상승으로 많은 사람들이 교외로 떠밀려 넘어갔고 각종 식료품과 외식 비용의 급증으로 식사 한끼에도 부담을 느끼는 수준이 됐다.

2021년 1갤런당 3달러 초반에 머물던 휘발유 가격은 2022년 들어 4달러를 넘어 5달러까지 치솟았고 이러한 물가 상승 부담에 많은 사람들은 차를 타고 여행을 가지도 않고 집안에만 머물기를 택하기도 했다. 필자는 물론이고 누구나 조금이라도 더 싼 주유소를 찾아 다녔고 조금이라도 저렴하게 장을 보기 위해 여러 마트를 전전하며 최저가 사냥에 나섰다.

2021년부터 시작된 인플레이션 공포는 미국을 비롯해 전 세계를 뒤덮었다. 그리고 또 다른 변수, 바로 러시아의 우크라이나 침공이 2022년 2월 발생한다. 미국과 유럽연합은 러시아산 에너지와 각종 원자재에 대한 수입을 전면 중단하는 등 제재에 나섰는데 이는 곧바로 전 세계의 에너지 위기와 공급망 쇼티지 문제로 커졌다. 또 세계적인 주요 곡창지 중 한 곳인 우크라이나의 초토화는 곡물 및 식료품 가격을 급등시켰다. 봇물 터지듯 쏟아진 인플레이션 압박은 시장의 허용치를 넘기며 전 세계를 물가 상승 공포에 휩싸이게 했다.

유럽 대륙에서 발생한 21세기 최대 전쟁은 전 세계를 공포의 구덩이로 몰아넣었고 특히 경제적으로 큰 균열을 일으켰다. 전쟁 직후 국제 유가는 배럴당 130달러를 넘어서며 최악의 인플레이션을 유발한다.

돈 벌 때가 있는 법

하늘은 테슬라의 편인 걸까. 이러한 유가 상승에 대한 부담으로 많은 사람들이 전기차에 관심을 갖기 시작했다. 곧, 테슬라는 없어서 못 파는 차가 됐다.

또한 전 세계의 반도체 쇼티지 대란은 차량 공급 부족으로 이어졌다. 부품이 하나라도 없으면 완성할 수 없는 자동차의 특성상 결국 반도체 몇 개가 부족해 차량을 생산할 수 없는 지경에 처했다. 이는 테슬라만 해당한 일이 아니었다. 최근 들어 많은 기술이 전장화되면서 반도체는 모든 제품의 필수품이 됐고, 그 비중이 나날이 늘고 있다. 그간 기계 공학의 결정체라고 불리던 자동차 역시 각종 부품들이 전장화되면서 제조 기술의 패러다임에 변화가 생기기 시작했다.

테슬라의 전기차는 전통적인 제조업의 내연기관 자동차와 달리 완전히 자동화된 제조 과정으로 혁신했다. 모듈과 플랫폼화된 제조 공정, 복잡한 엔진을 대체하는 배터리 기술 등으로 사실상 새로운 산업을 탄생시켰다. 특히, 테슬라는 반도체 비율이 높은 전기차 특성상 전 세계적으로 발생한 반도체 쇼티지 문제에 직격탄을 맞은 대표기업이 됐다. 당장은 차량을 공급할 수 없어 아쉬웠지만 테슬라의 가치를 드높이는 계기였다. 테슬라를 비롯한 주요 자동차 기업들은 할 수 없이 반도체로 구동되는 일부 기술을 제외하거나 여분의 반도체는 과감하게 빼버리는 식으로 편법을 써 완성차를 내놓기도 했다. 시장에선 이를 '반도체 쇼티지 에디션'이라고 비꼬며 냉소를 보냈다. 하지만 없어서 못 파는 상황 속에서 테슬라의 주가는 계속 높아졌다.

많은 사람들이 테슬라를 사기 위해 줄을 섰고 차를 사기 위해서는 1년 이상 기다려야 하는 경우도 발생했다. 당연히 테슬라는 신차 가격을 일부 인상하며 철저한 시장경제 논리에 맞춰 움직였다.

중고차 시장에서도 테슬라의 인기는 급등했다. 코로나19로

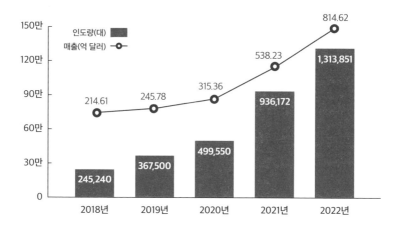

테슬라 연도별 매출액 및 인도량 추이

인도량(대) ■
매출(억 달러) ─○─

연도	인도량(대)	매출(억 달러)
2018년	245,240	214.61
2019년	367,500	245.78
2020년	499,550	315.36
2021년	936,172	538.23
2022년	1,313,851	814.62

인한 인플레이션, 러시아-우크라이나 전쟁으로 인한 유가 상승, 반도체 쇼티지로 인한 생산량 축소 등 3박자가 맞아 들며 테슬라는 황금기를 맞이한다.

2022년 전기차 기업 최초로 연간 인도량 131만 3,851대를 달성한다. 1년 전인 2021년 대비 40%가량 증가하며 꿈의 100만 대 기록을 넘어선 것이다. 2017년에 연간 인도량 10만 3,000대를 넘기는 데 그쳤던 테슬라는 5년 만에 판매량을 13배가량 폭발적으로 늘렸다.

판매량 증가에 비례해 회사의 실적도 크게 좋아졌다. 테슬라의 완전 전기차 로드스터를 처음 출시한 2008년 1,500만 달러의 매출을 올렸던 테슬라는 이듬해 1억 1,200만 달러로 매출을 늘린 후 빠르게 성장했다. 2017년 117억 5,900만 달러로 총매출 100억 달러를 넘긴 테슬라는 2020년 315억 3,600만 달러, 2021년 538억 2,300만 달러의 매출을 신고했다. 그리고 2022년 테슬라는 814억 6,200만 달러의 역대 최고 매출을 기록하며 10년 만에 매출액을 197배 늘렸다.

배터리 리더십과
중국

가장 높이 올라갔을 때가 위험하다

2023년도 테슬라의 판매 목표는 180만 대다. 2022년보다 50만 대가량 높인 숫자다. 하지만 이러한 목표치 달성이 마냥 쉬워 보이지 않다.

양적 성장과 별개로 시장 점유율을 살펴보면 직관적으로 분위기를 살펴볼 수 있다. 2020년도 전 세계 전기차 판매량은 222만 대다. 그 중 49만 대를 판매한 테슬라의 시장 점유율은 22.3% 였다. 1년 뒤인 2021년 테슬라의 판매량은 93만 대로 급증했지만 시장 점유율은 19.6%로 오히려 줄었다. 131만 대를 판매한 2022년에도 전체 시장 점유율은 16.4%로 감소했다. 이렇게나 많이 판매하는데 왜 점유율이 떨어진 걸까. 이유는 아주 간단하다. 테슬라의 성장과 비례해 중국 전기차 제조사의 대약진이 함께 이뤄졌기 때문이다.

국가별 전기차 판매량

	2020년		2021년		2022년	
	판매량(대)	시장 점유율(%)	판매량(대)	시장 점유율(%)	판매량(대)	시장 점유율(%)
중국	1,054,123	47.5	2,727,313	57.1	5,075,286	63.3
유럽	782,561	35.2	1,292,751	35.2	1,622,895	20.2
미국	260,055	11.7	505,267	11.7	802,653	10
한국	46,909	2.1	101,112	2.1	162,987	2

출처=SNE 리서치

중국이라는 나라는 소비 시장의 관점과 제조사적 역량의 관점으로 나누어 살펴봐야 한다.

먼저 중국 소비 시장을 살펴보자. 비록 2023년 인도에 1위 자리를 빼앗겼지만 중국은 여전히 14억 인구를 보유한 가장 큰 내수시장을 가진 국가 중 하나다. 또한 전기차 판매량이 가장 빠르게 늘어나는 국가다. 2020년 전 세계 판매된 전기차 중 중국에서 판매된 차량이 105만 대로 47.5%의 점유율을 차지했다. 이어 유럽이 35.2%, 미국이 11.7%로 뒤를 이었다. 한국은 2.1%의 점유율로 5위에 올랐다. 하지만 2021년에는 중국 시장이 눈에 띄게 성장한다. 총 477만 대의 전기차가 전 세계에 팔렸는데 중국에서만 272만 대가 팔리며 57.1%를 기록했다. 이어 2022년 중국에서 507만 대의 전기차가 판매되며 전 세계 시장의 63.3%

제조사별 전기차 연간 판매량

	2020년		2021년		2022년	
	판매량(대)	시장 점유율(%)	판매량(대)	시장 점유율(%)	판매량(대)	시장 점유율(%)
테슬라	494,244	22.3	938,435	19.6	1,313,887	16.4
BYD	123,627	5.6	335,582	7	925,782	11.5
상하이차	235,425	10.6	612,867	12.8	900,418	11.2
폭스바겐	220,818	9.9	442,960	9.3	574,708	7.2
현대차	145,609	6.6	245,174	5.1	374,963	4.7

출처=SNE 리서치

를 차지했다. 전 세계에서 팔린 전기차 10대 중 6대는 중국에서 팔린 셈이다. 중국은 명실상부한 전기차 시장의 가장 큰손으로 자리매김했다. 글로벌 전기차 제조사들이 중국 시장을 최우선 시장으로 공략에 나설 수밖에 없는 이유다.

두 번째로 제조사 역량의 관점에서 중국의 전기차 기업들을 살펴보자. 중국 시장의 성장도 놀랍지만 중국 전기차 제조사들의 약진이 더 돋보인다.

2022년을 살펴보면 131만 대를 판 테슬라가 16.4%로 여전히 1위 자리를 사수했고 2위는 다름 아닌 비야디(BYD)다. 2020년에만 해도 12만 대의 판매량으로 6위에 머물던 BYD는 2년 만에 92만 5,000대를 판매하며 11.5%의 점유율을 기록했다.

그리고 2023년 1분기, BYD가 기어코 사고를 내고 만다. BYD는 분기 인도량 56만 6,000대를 기록하며 전년 대비 97% 늘어난 판매량으로 테슬라를 제치고 1위에 오른다. 테슬라보다 무려 14만 대나 많이 팔았다. 이러한 추세는 2분기까지 이어지며 BYD는 상반기에 125만 5,637대를 판매하며 테슬라의 2022년도 판매량에 육박하는 기록을 세우며 1위를 지켰다. 중국 기업의 대약진 시대가 열린 것이다.

물론 보이는 것이 전부는 아니다. 중국 전기차 기업들의 급성장 뒤에는 중국 정부의 든든한 지원이 있었으며 양적 성장에 매몰되면서 발생한 문제점들도 부각되고 있다. 대표적으로 신생 전기차 3인방 중 하나로 불리는 리오토Li Auto는 2022년 실적 공시를 통해 1년간 영업손실이 36억 5,000만 위안이 발생했다고 밝혔다. 전년 동기 대비 259.3%나 늘어난 숫자다. 2022년 13만 3,200대를 판매했던 리오토 입장에선 1대를 팔 때마다 2만 7400위안, 한국 돈으로 510만 원씩 손해를 보고 판 셈이다.

우선 중국 전기차 기업에 대한 실적 악화 우려는 배터리 등 원자재 가격 인상으로 인한 제조원가 상승에서 기인한다. 또한 중국 정부가 지원해온 보조금 규모가 축소되고 있다. 또한 실적을 악화시키는 가장 큰 악재는 치킨게임 양상으로 번지고 있는 가격 인하 경쟁이다.

전기차 산업 치킨게임, 가격 인하 누가 버틸까?

앞서 저금리 기조 속 인플레이션과 반도체 쇼티지가 전기차 및 테슬라의 성장을 불러일으켰다면 2022년부터 시작된 전 세계 중앙은행의 긴축기조와 고금리 부담은 반대의 효과를 내기 시작했다. 금리인상 효과와 인플레이션 부담으로 가계부채가 급등하고 지갑 사정이 여의치 않자 그 여파가 미친 전기차 시장에도 위기감이 생겨났다.

전기차 산업은 국제 유가 인상에 대한 반사효과로 전기차 수요가 폭발적으로 증가하며 최근 몇 년간 호황기를 누렸다. 그런데 이제 전기차 기업들은 판매량 증가를 위해 가격 인하를 경쟁적으로 벌이며 전체 시장의 규모는 키웠지만 속이 텅빈 허울 뿐인 성장만 하고 있다는 우려를 받고 있다.

계속 성장하는 전기차 시장에 대한 기대와 별개로 살아남기 위한 전기차 기업들의 치킨게임이 가속화되면서 강한 자만 살아남는 무한경쟁이 예상된다. 일반적으로 치킨게임의 주도권은 생태계 최상위에 위치한 포식자가 가져간다. 1위 기업이 얼마나 제 살을 깎아가며 버텨내느냐가 치킨게임이 얼마나 길어지느냐를 결정하기 때문이다.

전기차 시장의 압도적 리더는 여전히 테슬라다. 중국 시장의 성장, 특히 BYD의 실적이 눈에 띄지만 아직까지 테슬라의 왕좌를 실질적으로 대체하기는 이르다. 또한 GM과 포드가 '테슬라 타도'를 외치며 전기차 경쟁력 확대에 나서고 있지만 시장 주도권을 빼앗기는 어려워 보인다.

테슬라는 전기차 수요와 공급 상황에 따라 자사 전기차 가격을 고무줄처럼 늘였다가 줄이기를 반복하고 있다. 공급이 수요를 따라가지 못할 만큼 각광받으면 가격을 올렸다. 하지만 상황은 삽시간에 급변했다. 미국 연방준비제도의 급격한 금리인상의 충격파를 시장이 흡수하지 못하며 문제가 발생했다. 금리와 거시경제의 위기 분위기는 연일 고조됐다.

결국 미국은 지갑을 닫기 시작했다. 생필품 가격까지 급등하며 미국 소비자들은 아끼고 또 아끼는 데 집중했고 전기차를 사는 것에 대한 부담은 크게 늘었다. 이와 반대로 국제유가는 안정되면서 내연기관 자동차에 대한 수요 역시 자연스레 늘어났다.

CEO 리스크도 영향을 미쳤다. 일론 머스크의 무리한 트위터 인수로 테슬라의 기업 가치가 크게 피해를 입었다. 주식시장 전반이 좋지 않았던 것과 함께 CEO 리스크가 더해져 테슬라 주가는 바닥을 모르고 무너졌다. 결국 2023년 1월 테슬라는 주요 모델 가격의 20%가량을 인하하는 조치를 단행했다.

고급 모델인 모델 Y는 최대 1만 3,000달러나 인하하며 큰 폭으로 가격을 낮췄다. 이는 세액공제 요건을 맞추기 위한 꼼수다. SUV형 전기차 모델 Y는 2023년에 세단형 전기차로 재분류됐다. 현재 전기차에 최대 7,500달러까지 세액공제 혜택을 제공하고 있는 미국은 외국산 자동차와 차별을 통해 미국산 전기차의 경쟁력을 높이고 있다. 특히 세단형 전기차는 5만 5,000달러 미만, SUV 전기차는 8만 달러 미만이어야 세액공제를 받을 수 있는 만큼 모델 Y의 가격을 대폭 낮춰 세액공제 혜택을 제공받을 수 있도록 했다.

현재 테슬라에 이어 미국 전기차 시장 점유율 2위를 달리고 있는 포드 역시 이에 맞대응을 했다. 포드는 머스탱 마하-E 모델의 가격을 최대 8.8% 인하했다. 포드 역시 수요 급증과 원자재 및 인건비 급등을 이유로 가격을 올린 지 채 1년이 되지 않은 시점에서 가격을 다시 내린 셈이다. 이는 다분히 테슬라를 의식한 결정으로 풀이된다. 2022년 포드는 1억 8,500만 달러를 들여 전지연구소를 설립한다고 밝혔다. 연구소에서 전기차용 전지를 연구해 전지사업까지 주도하겠다는 전략이다. 이렇듯 포드는 전동화electrification 전환에 약 200억 달러를 투자할 계획이다.

전기차계의 신성 루시드 역시 최근 8만 달러가 넘는 자사 제품에 7,500달러를 지원금으로 주는 프로모션을 진행하며 사실상 차량 인하 효과를 내도록 했다.

아예 내연기관 자동차보다 저렴한 전기차도 선보이고 있다. GM의 SUV 전기차 이쿼녹스는 최근 가격 인하를 통해 3만 달러부터 판매를 시작했다. 휘발유 모델이 2만 6,600달러인 것에 비하면 불과 3,000달러가량 비싼 셈이고 전기차 보조금을 감안하면 결국 전기차가 내연기관차보다 가격이 싸진다. 통상적으로 원자재비 가격의 차이로 인해 같은 성능이면 전기차의 가격이 무조건 더 비쌀 수밖에 없는 구조다. 하지만 이제 내연기관차보다 더 싸게 살 수 있는 전기차까지 등장하며 전기차 산업의 치킨게임이 본격화되고 있다.

테슬라 대표모델 모델 3 역시 세액공제 전 가격은 4만 3,500달러로 경쟁차종인 BMW 3 시리즈의 북미 가격보다 300달러가량 저렴하게 책정됐다. 전기차 세액공제까지 적용하면 훨씬 더 싼 가격에 살 수 있는 셈이다. 전문가들은 이러한 전기차들의 가격 하락이 내연기관차의 퇴출을 앞당길 수 있을 것으로 기대하고 있다. 통상 1~2만 달러 비싸던 전기차가 사실상 내연기관차보다 싼 시대가 열리면서 전기차의 치킨게임뿐 아니라 내연기관차와의 진검승부도 펼쳐지고 있기 때문이다.

〈뉴욕타임스〉는 최근 한 기사에서 "이제 전기차 일반모델이 내연기관차보다 더 싸거나 저렴해지는 시대가 열린다"고 하며 "이제 전기차의 경쟁력이 내연기관차보다 훨씬 높아진 상황이다"고 분석했다.

실제 2022년 미국에서 판매된 자동차의 평균가격을 살펴봐도 전기차의 경쟁력이 우수하다. 전기차의 평균 판매가격은 6만 1,488달러로 모든 승용차와 화물차의 평균인 4만 9,507달러보다 1만 1,981달러가량 비싼 상태다. 여기에 세액공제 효과와 최근 가격 인하 효과까지 감안하면 앞으로 이러한 가격 경쟁력은 더욱 커질 것이다.

또한 인플레이션감축법IRA 효과는 미국산 전기차의 경쟁력을 한층 더 높이는 분위기다. 외국산 해외 전기차에 대한 세액공제를 없애면서 사실상 미국산 자동차의 가격 인하 효과를 더욱 커지게 해 경쟁력을 높이고 있다. 현대차, BMW, 폭스바겐 등 미국 기준 외국산 전기차 업체들에게는 위기지만 미국 자동차 기업에게는 호재다.

현대차의 고민, 불똥 튄 SK온, 삼성전기의 기회

미국 정부의 정책에도 불구하고 테슬라가 안심할 수는 없다. 압도적 1위였던 과거와 달리 현재 모든 완성차 기업들이 적극적으로 전기차 시장 공략에 박차를 가하고 있기 때문이다. 테슬라

는 여전히 전기차 판매 순이익이 한 대당 9,500달러에 달해 압도
적으로 높은 상황이다. 시장 지배적 주도권을 쥐고 있으며 높은
영업마진이란 결정적 무기를 갖고 있다. 향후 시장 지배력 확대
를 위해 언제든지 마진을 낮출 여력이 있는 셈이다. 소품종 대량
생산 전략을 통해 최대한의 성과를 내는 데 적합한 생산 공정도
갖고 있다. 이러한 기술경쟁력과 생산 효율성을 바탕으로 향후
끊임없이 경쟁사를 압박하는 가격 전략과 마케팅 전략을 선보일
것으로 보인다.

　전기차 후발주자들의 고민이 깊어지는 이유가 바로 이것이다.
상대적으로 낮은 인지도와 기술 경쟁력으로 더 나은 성과와 더
많은 영업이익을 남길 방법은 전무하다. 그런 만큼 더 낮은 가격
으로 더 많은 판매를 해야 하는 GM과 포드, 그리고 현대차 등의
기업들은 많은 고민에 빠져있다. 현대차의 경우 잘 성장해온 전
기차 시장이 IRA의 여파로 한풀 꺾일 수 있다는 우려가 있다. 현
대차는 2025년 조지아 공장에서 직접 생산하는 전기차가 나올
때까지 버티는 것이 최대 관건이다. 외국 기업이라도 미국 내 생
산 전기차의 경우 세액공제를 받을 수 있기 때문에 앞으로의 시
간이 현대차에겐 '별의 순간'이 될 것으로 보인다.

　포드는 테슬라를 따라잡기 위해 더욱 과감한 전략을 세웠다.
세계 1위 배터리 제조사인 중국 기업 CATL과 손잡고 35억 달러

를 투자해 미국 현지에 공장을 세우는 것이다. 중국 기업에 대한 미국 정부의 규제가 강화되자 이를 피하기 위해 '합작법인' 형태로 이를 피해가는 꼼수를 부렸다. 중국 기업 CATL과 손잡았지만 껍데기는 마치 미국 기업인 것처럼 포장해 규제 법안을 피해가려 한 것이다. 포드는 해당 공장을 통해 전기차 생산량의 70%에 사용할 수 있는 배터리를 직접 공수할 방침이었다. 하지만 미국 정부와 의회가 이를 묵과하지 않았다. 미국 의회는 해당 협력에 대해 조사하며 압박했고 결국 포드는 CATL과의 현지 공장 설립을 포기했다. 물밑에서 중국 배터리 기업과 밀월을 준비했던 테슬라 역시 슬그머니 오리발을 내밀고 있다.

미묘한 미중관계로 오히려 피해를 입은 곳은 다름 아닌 K-배터리 기업 SK온이다. 포드와 협력관계를 공고히 해왔던 SK온의 튀르키예 합작법인 설립 계획이 백지화됐다. 그뿐만 아니라 최근 포드는 배터리 문제로 전기차 생산을 일시 중단했는데 해당 모델의 배터리가 바로 SK온이 제작한 배터리다. 나중에 중단 이유가 원인 불명의 화재인 것으로 확인됐지만 미국 진출을 위해 애써온 K-배터리 기업들에겐 분명한 악재다.

K-배터리 기업에겐 위기가 찾아왔지만 반대로 낙수효과를 누리는 국내 기업도 있다. 테슬라발 치킨게임으로 전장용 적층세라믹캐패시터MLCC 시장을 주도하고 있는 삼성전기에겐 시장 점

유율을 확대할 기회가 열렸기 때문이다. 해당 부품은 전기차에 필수적으로 들어가는 핵심 부품으로 전자제품 회로에 전류가 안정적으로 흐르도록 도와주는 역할을 한다. 전자 산업의 쌀이라 불리는 이 부품의 수요는 전기차 판매량이 늘어날수록 증가하는 구조다. 현재 세계 5위인 4%의 점유율을 갖고 있는 삼성전기 입장에서 치킨게임은 시장 점유율 확대의 기회다. 내연기관차와 달리 전기차는 해당 부품이 약 3배 더 필요하기 때문이다.

여전히 전기차 시장의 확대는 우려보다 기대가 큰 상황이다. 이번 치킨게임이 과거 반도체 시장을 휩쓸었던 상황과 유사할지, 아니면 다른 판도로 흘러갈지는 누구도 예상할 수 없다. 다만 위기 속에 기회는 항상 반복된다. 이번 위기에서 어떤 기업이 기회를 잡을지 놓칠지는 시간이 지나면 판가름 날 것이다. 전기차 업계 관계자는 "결국 치킨게임도 시장을 키우는 수단으로 쓰이는 것이라고 봐야 한다"며 "전기차 시장에 새바람이 불고 많은 기업들이 경쟁력을 갖춰야 스케일업scale up의 기회가 올 것"이라고 말한다.

반값 전기차 원조, 미뤄진 약속

사실 최근 벌어지고 있는 가격 인하 치킨게임 한참 이전에 이렇게 찔끔찔끔 가격을 할인하는 게 아니라 아예 통 크게 반값 전기차를 내놓겠다고 공언한 회사가 있었다. 그 주인공도 테슬라다. 일론 머스크는 2020년 9월, 테슬라 베터리데이 행사에서 파격 발언을 했다. 바로 반값 전기차를 내놓겠다는 것. 혁신적인 기술을 발표해야 할 회사의 주요 행사에서 감짝 발표를 하며 사람들을 놀라게 했다. 모델 S, 3, X, Y 등 총 4개 모델로 전 세계 전기차 시장을 평정한 테슬라의 새로운 모델이자 엔트리급 시장을 공략하기 위한 행보에 대한 기대감이 커질 수밖에 없었다. 공식 발표는 없었지만 사람들은 이를 모델 2라고 부르며 하루빨리 출시되길 기원했다.

하지만 그 약속은 아직까지 지켜지지 않고 있다. 2023년 3월 1일 텍사스주에서 열린 테슬라 투자자의 날 행사가 열리기 전, 많은 언론은 이날 행사에서 반값 테슬라에 대한 공식 발표가 있을 것이라 전망했다. 처음 반값 테슬라를 공언한 지 3년째에 접어든 가운데 행사 직전인 2월, 중국에서 모델 2로 추정되는 해치백 스타일의 전기차가 위장막에 덮인 채 발견됐기 때문이다. 하지만 아쉽게도 그런 내용은 포함되지 않았다. 다만 머스크는

2024년부터 멕시코에 기가팩토리를 짓는다며 남미 지역의 첫 테슬라 생산 공장이 지어질 것이라고 발표했다. 사람들은 자연스레 멕시코에서 이러한 모델 2가 생산될 것으로 내다보고 있다.

테슬라가 반값 전기차 출시를 미루는 데는 전략적 이유가 있다. 사실 2020년에 테슬라는 무궁무진한 가능성을 품고 있는 전기차의 희망이자 미래였다. 하지만 3년이 지난 지금 전기차 시장은 사람들의 예상보다 빠르게 성장했고 모든 회사들이 전기차 리더십을 쥐기 위한 치열한 전쟁에 돌입했다. 압도적 1위로 군림해오던 테슬라의 왕좌에 균열이 생기기 시작했고 그간 서두르지 않던 전통 완성차 제조사들은 전기차 퍼스트를 선언하며 전기차 시장에 본격 진출을 선언했다.

전문가들은 이처럼 급변한 전기차 시장의 지형도 속에서 테슬라가 반값 전기차를 내놓을 경우 카니발리제이션(자기잠식)에 빠질 수 있다는 이유로 속도 조절에 나선 것으로 분석한다. 이른바 오스본 효과로 불리는 자기잠식에 빠질 경우 자칫 위기가 장기화될 수 있는 상황이다. 오스본 효과란 과거 오스본 컴퓨터가 파산하면서 나온 용어로 다음 제품을 판매하기 전부터 차세대 제품을 미리 발표할 경우 대기 수요들이 현재 제품을 구매하지 않는 현상을 뜻한다. 현재 모델별로 전폭적인 할인 전략을 취해 수요자들을 붙잡고 있는 테슬라 입장에서 벌써부터 반값 전기차를

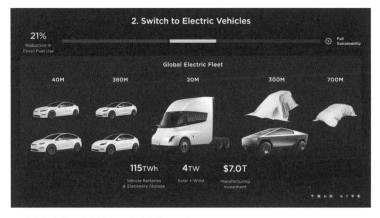

투자자의 날에 공개된 흰색 막이 덮인 차량 2대

출처=테슬라 유튜브

공개해버릴 경우 당장 할인된 차량조차 구입하지 않고 조금 더 기다리는 수요자들이 늘어날 수 있기 때문이다.

　아직은 가격 인하를 통해서 충분히 시장 영향력을 행사할 수 있는 만큼 당분간 이러한 전략을 계속 활용하며 시장 점유율을 지킬 수 있는 방어 정책을 지속할 확률이 높다. 물론 구입 고객층 자체가 다른 만큼 과한 우려라는 지적도 있지만 테슬라로선 신중하게 전략을 수립하고 실행해야 하는 타이밍이다. 당장 중국차의 급성장과 기존 완성차 기업의 공습에도 의연하게 대처해야 할 필요가 있다. 다만 현재 분위기는 그렇게 머지않은 시점에 모델 2의 출시가 이뤄질 것으로 보인다. 2023년 3월 투자자의 날 행사에서도 두 대의 차량이 하얀 막으로 덮인 채 한 자료에 등장했다. 그 중 오른쪽에 위치한 다소 작은 차량이 바로 모델 2로 예상되고 있다.

투자자의 날 전날인 2월 28일, 멕시코 안드레스 마누엘 로페스 오브라도르 대통령은 기자회견을 열고 멕시코 몬테레이에 테슬라의 생산 공장 '기가팩토리'가 지어진다고 발표했다. 그간 루머로만 돌던 멕시코 공장의 베일이 벗겨진 것이다. 기가팩토리 멕시코는 2023년 7월 최종적으로 건설 허가를 받았으며 본격적인 건설에 들어갔다. 상하이 기가팩토리가 불과 9개월 만에 공사를 마무리한 가운데 기가팩토리 멕시코는 빠르면 2024년부터(늦으면 2026년) 생산이 시작될 것이란 기대감도 나오고 있다. 과연 기대한 대로 이곳에서 테슬라의 모델 2, 반값 전기차가 등장할지도 관심사다.

테슬라를 만드는 힘의 원천, 기가팩토리

2016년 테슬라는 2가지 뉴스를 발표한다. 바로 모두가 기다리고 있던 모델 3의 공개와 배터리 전용 공장 기가팩토리 네바다의 개관 소식이다. 이 뉴스들은 이후 테슬라의 미래를 완전히 뒤

테슬라 로드스터 2세대 출처=테슬라

바꾼 결정적 사건이 된다.

2016년 3월 31일, 일론 머스크는 행사를 열고 모델 3를 처음으로 공개한다. 머스크는 철저한 계획과 계산으로 모델 3가 탄생할 수 있었다고 밝혔다.

"신기술은 여러 번의 반복을 통해 대중화된다."

머스크는 새로운 기술이 세상에 등장한 뒤 안착하고 대중화되기 위한 공식이 있다고 강조했다. 소량생산에서 대량생산으로, 높은 가격에서 낮은 가격으로 생산량과 가격의 함수를 조합해가며 테슬라만의 판매 전략을 철저히 고집했다.

2008년 세상에 처음 등장한 테슬라의 첫 전기차, 로드스터
는 10만 달러가 넘었다. 연간 500대만 생산하는 철저한 소량 생
산 전략을 택한 로드스터는 머스크에게 일종의 모험이자 도전이
었다. 테슬라가 마음먹고 만들면 이 정도의 차를 만들 수 있다는
기술력을 강력하게 입증함과 동시에 소량 생산을 통해 없어서
못 파는 차량으로서의 희소성 가치를 드높이며 화제를 몰고 다
녔다. 로드스터는 테슬라의 팬덤을 강화시키고 더 높은 기대를
갖도록 했다. 테슬라의 존재감을 강력하게 드러내는 전략적 베
팅이었다.

또한 기존 전통 완성차 기업들이 저렴한 가격에 대량생산이
가능한 전기차를 만들겠단 목표로 곧바로 직진한 데 비해 테슬
라는 완전히 정반대의 전략으로 시장공략에 나선다. 이어 출시
한 모델 S와 모델 X는 로드스터보다 가격을 낮춰 구매 접근성을
높였고 본격적인 대량생산 체제를 위한 채비를 마치게 된다. 그
리고 모델 S와 모델 X로부터 벌어들인 수입은 테슬라의 주력모
델이 된 모델 3의 탄생에 기여하게 된다.

모델 3는 철저히 합리적인 가격과 대량생산이라는 두 마리 토
끼를 잡는 차량을 만들기 위한 빅픽쳐의 결과물이다. 반값 전기
차의 출시 역시 이러한 머스크의 마스터플랜 아래 추진된 차량
개발 순서의 마지막 단계에 위치하고 있다. 결국 2016년 공개 후

2017년부터 판매되기 시작한 모델 3는 베스트셀링카가 되어 테슬라가 전기차의 주도권을 쥐고 기술 혁신을 이어갈 수 있는 효자 노릇을 한다.

모델 3를 비롯한 테슬라의 연간 생산량이 100만 대를 넘어선 현재, 차량 생산 공장만큼 중요한 것은 배터리 공장이다. 전기차의 엔진이라 불리는 배터리 수급이 안 되면 차량 생산 자체가 불가능하기 때문이다.

모델 3를 공개한 지 3개월 후 2016년 7월, 머스크는 미국의 서부 네바다주에서 기가팩토리 네바다의 일부를 처음으로 공개하는 행사를 열었다. 기가팩토리 네바다는 테슬라 차량에 공급하는 배터리를 생산하고 전기 모터, 에너지 저장제품, 차량 파워트레인 등을 만드는 테슬라 부품 공장이다. 2010년 테슬라는 캘리포니아 프리몬트에 위치한 GM과 토요타의 자동차 생산공장을 인수해 본격적인 대량생산 체제를 구축하기 시작한다. 하지만 기존 공장을 활용해 생산하는 데는 효율화의 한계가 있었고 2014년 기가팩토리 네바다 착공에 나서며 본격적인 테슬라식 공정 혁신을 선보인다. 그 결과물이 2년 만에 나온 것이다.

일론 머스크는 기가팩토리의 키워드로 거대한 규모와 저렴한 가격을 꼽았다. 10억을 뜻하는 기가를 공장 이름에 쓸 만큼 큰 테슬라 공장은 최대한 많이, 최대한 크게 지어 공간을 최대한 활용할 수 있도록 했다. 규모가 커진다면 자연스럽게 가격은 떨어진다는 것이 머스크의 주장이다.

이를 위해 머스크는 또 다른 혁신 아이디어를 낸다. 자동차라는 제품을 생산하는 공장 역시 하나의 제품으로 보고 접근한 것이다. 그는 거대한 기가팩토리를 하나의 고성능 CPU칩으로 생각한다며 여기에 보다 많은 정보와 기술들을 집적화하고 최적화하는 것을 목표로 했다.

자동차를 개발하기 위해 수많은 물리학 공식과 공학지식이 총동원되었으며 마찬가지로 공장을 설계하는 데 테슬라의 최고 엔지니어 인력들이 대거 투입됐다. 이들은 동일 면적에 어떻게 더 많은 장비를 넣을 수 있을지, 어떻게 조립동선을 만들어야 가장 짧은 시간에 가장 많이 생산할 수 있을지 등을 심도 깊게 연구하고 수정했다. 이를 통해 제작의 속도와 밀도를 높이는 데 성공했고 공간 낭비를 최소화하는 결과를 만들었다. 그리고 이러한 공정 효율화는 당연하게도 원가 절감이라는 성과로 이어지며 테슬라의 차량 가격 경쟁력을 확보할 수 있는 기술력으로 자리매김했다. 실제 기가팩토리 구조를 살펴보면 스탬핑, 용접, 도장, 조립 공정이 물 흐르듯 이어지며 최적의 생산 효율성을 자랑한다. 또한 뜨거운 철판을 도장 찍듯 찍어내 틀을 만들어내는 스탬핑 기술은 각 부분을 이어붙이던 기존 방식의 패러다임을 바꾼 공

기가팩토리 네바다

출처=테슬라 유튜브

정 단순화의 대표적 사례다. 기가팩토리를 뜯어보면 이러한 아이디어와 기술이 곳곳에 적용돼 생산 혁신을 이뤄냈다.

기가팩토리 네바다가 착공한 2014년 당시 전 세계 리튬이온 배터리 생산량이 30GWh였다. 그리고 기가팩토리 네바다 단일 공장의 생산량이 50GWh에 달했다. 기가팩토리 네바다는 공장 천장을 전부 솔라 패널로 뒤덮으며 에너지 자립까지 꿈꾸며 그 자체로 완전한 생태계 구축의 꿈을 현실화하고 있다.

특히 2023년 1분기까지 73억 개 이상의 배터리 셀과 100만 개 이상의 배터리 모듈을 생산해낸 기가팩토리 네바다에는 지금까지 62억 달러 이상이 투자됐고 앞으로도 36억 달러의 추가 자금이 투입될 예정이다. 특히 폭발적으로 늘어나는 테슬라 생산량을 따라잡기 위해 배터리 공급이 차질 없이 이뤄져야 하는 만큼 기가팩토리 네바다의 역할이 어느 곳보다 중요해질 수 있다. 또한 테슬라의 전기트럭 세미Semi 역시 현재 이곳 네바다에서 생산될 예정인 만큼 네바다는 테슬라의 배터리 심장부로의 역할을 공고히 할 것으로 보인다.

기가팩토리 운영이 정상궤도에 오르고 테슬라 판매량이 순조롭게 늘어나면서 기가팩토리의 기술력뿐만 아니라 양적 성장도 눈에 띈다. 특히 전 세계 곳곳에서 테슬라 사랑이 커지면서 미국의 공장에서만 이를 소화하기가 어려운 수준이 됐다.

2018년에는 테슬라의 첫 해외 공장, 기가팩토리 상하이가 착공됐다. 나날이 성장하는 중국 전기차 시장을 보다 적극적으로 공략하기 위해서 아예 중국에다 공장을 짓기로 결단한 것이다. 그리고 불과 공사 9개월만에 공사를 끝내며 다시 한번 투자자들을 깜짝 놀라게 한다. 모델 3와 모델 Y 등 테슬라의 주력 모델을 생산하는 이 공장은 중국 내수기업과 합자회사를 통해 중국 진출을 허용하는 중국 정책과 달리 독자적으로 투자 건설해 운영하고 있다. 이어 2022년 유럽 제조업의 심장부, 독일 베를린에 기가팩토리 베를린을, 미국 텍사스주에 기가팩토리 텍사스를 한 달 차이로 완성하며 미국, 아시아, 유럽을 아우르는 틈새 없는 공급망 구축을 성공했다. 수요 확대에 부합하는 공급망 구축 전략이 뒷받침되지 않았다면 지금의 테슬라가 없었을지도 모른다.

특히 2022년 4월 완공된 기가팩토리 텍사스의 경우 테슬라가 그간 기가팩토리를 건설하며 쌓은 노하우가 집적된 결정판이란 평가가 나올 정도로 공장에 대한 찬사가 끊이지 않았다. 총 4개 층으로 구성된 공장은 배터리팩을 비롯한 주요 부품 생산과 스탬핑 및 조립공정까지 일사분란하게 이어지게 수직공정화되며 전기차 생산 기술의 혁신을 보여준다고 평가받고 있다. 단순히 전기차 자체의 경쟁력뿐만 아니라 이를 생산하는 기술에서부터 테슬라는 타 경쟁업체보다 한발 앞서 있는 모습을 보이며 왜 테슬라가 최고의 전기차 기업인지 역설한다.

그리고 기가팩토리는 앞으로 더욱 빠르게 늘어난다. 일론 머스크는 최소 10개 이상의 기가팩토리를 전 세계 곳곳에 건설하겠다는 계획을 밝혔다. 테슬라 브랜드의 후광효과와 더불어 일자리 창출과 협력업체의 동반성장 가능성 등을 종합해봤을 때 테슬라의 기가팩토리 건설은 해당 국가 또는 지역에 커다란 호재로 여겨진다. 그렇다 보니 머스크가 추진하는 기가팩토리 추가 건설 유치를 놓고 전 세계 곳곳에서 치열한 경쟁이 벌어지고 있다. 앞서 언급한 기가팩토리 멕시코 건설이 확정됐고 아시아 시장에서는 인도네시아와 인도 등이 유력한 후보로 손꼽히고 있다. 인도네시아는 배터리 핵심 원료인 니켈의 최대 생산국으로 원자재 확보의 장점을 품고 있으며, 인도는 14억이 넘는 세계 최대 인구를 바탕으로 중국에 이어 추후 경제성장이 기대되는 대표적인 빅마켓이다. 대한민국 역시 대통령이 직접 일론 머스크를 만나 강력한 유치 의사를 어필하는 등 기가팩토리 유치전에 뛰어든 상황이다. 코로나19 팬데믹 당시 중국 정부의 셧다운 봉쇄정책에 큰 타격을 입은 적 있는 테슬라 입장에서는 리스크를 줄이고 추가적인 생산량 확충을 위한 아시아 지역의 기가팩토리 추가 건설은 확정적이다. 따라서 기가팩토리 코리아가 만들어질지도 많은 사람들의 관심사다.

북미 전기차 시장의 강력한 팔로워들

　중국의 물량공세에 다소 주춤하는 모습도 있었지만 여전히 전기차 시장 1위 기업 테슬라의 위상은 공고하다. 하지만 '타도 테슬라'를 외치고 있는 기업들은 나날이 늘어가고 있다.

　특히 테슬라의 안방, 미국에서의 긴장감은 더욱 높아지고 있다. 북미 시장은 테슬라의 실제 시장 점유율이 압도적인 지역으로 효자노릇을 해왔다. 2021년 테슬라의 미국 전기차 시장 판매량 점유율은 72%로 사실상 독점이었다. 하지만 1년이 지난 2022년 65%로 떨어졌다.

　문제는 미국을 대표하는 자동차 회사 GM과 포드가 테슬라를 꺾기 위해 전기차 올인을 선언했다는 점이다. 북미 시장에서 테슬라의 장악력이 떨어지기 시작한다면 테슬라의 근간이 흔들리는 위기가 다가올지도 모른다.

　사실 그동안 GM과 포드는 테슬라가 주도하는 전기차 시장에 대한 대비를 제대로 하지 못했다. 어쩌면 테슬라의 선전을 크게 주목하지 않으며 반짝 성공에 그칠 것으로 분석했을지도 모른다. 그러나 최근에 늦게나마 대대적으로 전기차 시장 공략 전략에 나섰다.

북미 시장 전통의 라이벌, GM과 포드

GM는 2022년 11월 투자자의 날 행사를 개최하고 2025년까지 북미 전기차 판매량을 100만 대까지 늘리겠다는 포부를 밝혔다. 얼티멈 플랫폼이라 불리는 전기차 전용 플랫폼을 선보이며 이를 기반으로 GM의 전기차 라인업을 대대적으로 확충하고 전기차 회사로의 전환을 꾀하겠다는 것이다. 메리 바라^{Mary Barra} GM 회장은 이에 앞서 3년 안에 테슬라의 전기차 판매대수를 따라잡겠다고 선언하기도 했다.

GM은 자사의 강점이자 북미시장에서 선호도가 높은 SUV와 대형 픽업트럭 시장을 집중 공략하기로 전략을 세웠다. 실제 GM에서 내놓은 전기차를 살펴보면 쉐보레 이쿼녹스 EV, 블레이저 EV, 실라도 EV, GMC 시에라 EV, 허머 EV 등 대다수가 SUV나 픽업트럭이다. 또 기존 GM의 전기차 효자상품이었던 소형 전기차 볼트의 단종을 선언하며 본격적인 선택과 집중 전략을 구사하겠다고 선포했다.

또 테슬라가 시작했던 판매, 마케팅 전략에서의 변화를 따라하고 있다. 일론 머스크의 관습을 거스르고 새로운 질서를 만들려는 성향은 차를 직접 보고 탑승해본 뒤 구매한다는 기존의 구매 문화도 과감히 깨트렸다. 테슬라는 홈페이지에 직접 원하는 옵션과 디자인, 색상 등을 선택한 뒤 주문하면 집에서 받을 수 있는 원클릭 구매 시스템을 도입했다. GM 역시 테슬라식 디지털 판매 전략을 적극 도입하고 디지털 트랜스포메이션을 앞당기겠다는 전략을 세운 것이다.

또한 북미지역에 5개의 조립 공장을 새로 지어 전기차 생산에 박차를 가하겠다는 전략도 세웠다. 구체적으로 2025년까지 연평균 12% 성장률을 달성하고 2025년까지 전기차 매출액을 500억 달러까지 늘리겠다고 밝혔다. 이를 위해 GM은 2024년 상반기까지 북미에서 전기차를 40만 대 생산하고 부족한 소프트웨어 역량도 강화해나갈 방침이다. 최종적으로 2025년에는 연간 100만 대를 생산할 수 있는 능력을 갖춰 테슬라와 직접 경쟁에 나선다. 이를 위해 GM은 매년 100억 달러씩을 투자해 적극적인 투자설비 강화 및 개발 역량 확충에 나설 방침이다.

포드는 전략적으로 배터리의 핵심 광물인 리튬에 대한 적극적인 확보에 나서며 보다 차별화된 접근에 나섰다. GM은 필라델

피아 리튬 기업 리벤트와 협약을 맺고 남미 광산에서 리튬을 공급받기로 했고 캐나다 밴쿠버의 리튬아메리카스와 6억 5,000만 달러의 투자 협약을 맺는 등 광산 개발에 나섰다. 이에 포드는 한발 더 나아가 칠레의 리튬 공급업체 SQM, 노스캐롤라이나 샬롯의 앨버말, 캐나다 퀘백의 네마스카 리튬 등과 공급 협약을 맺고 전방위적 원자재 확보에 나섰다. 미국을 대표하는 앨버말과 맺은 계약에 따르면 오는 2030년까지 5년간 총 300만 대의 전기차 배터리에 사용될 수 있는 10만톤 규모의 수산화리튬을 공급받기로 했다. 또 세계 최대 광산기업 리오 틴토와 아르헨티나 리튬 공급을 받기 위한 협약에 광폭행보를 보이고 있다. 포드는 이러한 계약 체결로 인해 연간 110만 대의 전기차에 쓰일 리튬을 확보했다고 밝혔다.

2023년 열린 투자자의 날 행사에서 짐 팔리Jim farley 포드 CEO는 "경쟁 업체와 70억 달러 상당 비용 격차를 해소하기 위해서 전기차 사업에 집중하고 있으며 공급망 거래는 '전략적 이점'을 제공할 것"이라고 자신감을 표했다. 포드는 2026년까지 연간 200만 대의 전기차를 생산하겠다는 목표로 GM보다도 더 높은 곳을 바라보고 있다.

규제하는 정부, 전기차에 오히려 기회?

GM과 포드까지 서둘러 전기차 시장 공략에 나서는 것은 비단 테슬라와 중국 업체의 선전 때문만은 아니다. 그 배경에는 심각한 환경오염에서 시작된 각국과 경제블록의 친환경 정책의 확대와 깊은 연관이 있다. 사실 2020년대 들어 기업들이 가장 주목한 키워드는 ESG다. 환경Environmental, 사회Social, 지배구조Governance를 뜻하는 영어단어의 머릿글자를 딴 ESG는 기업의 책임 경영과 사회적 의무에 대한 중요성이 부각되면서 몇 년 전부터 주목받은 아젠다다.

전기차는 ESG와 깊은 연관성이 있는 대표 산업이다. 머스크역시 친환경적이며 자원 효율성 측면에서 전기차가 기존 완성차 제조사들보다 우위에 있음을 강조해왔고, 테슬라 역시 이러한 ESG의 중요성이 대두되며 큰 혜택을 본 것도 부인할 수 없다. 예상보다 빨리 성장한 전기차 시장의 배경에 일론 머스크의 혁신, 유가 상승으로 인한 후광효과, 늘어난 유동성으로 인한 호재 등이 있겠지만 이러한 ESG를 강조하는 산업 전반의 분위기도 한몫했다.

이러한 기조는 단순히 기업뿐만 아니라 정부정책에도 막대한 영향을 미치고 있다. 특히 바이든 대통령의 주요 정책의 한 축을 친환경 분야가 담당하고 있는 만큼 바이든 정부의 수혜 산업이 바로 전기차라고 할 수 있다. 이러한 전망은 빠르게 현실이 됐다. 조 바이든 대통령은 취임 직후인 2021년 4월 '친환경 승용차와 자동차의 미국 리더십 강화에 관한 행정명령'을 발표하며 2030년까지 미국에서 판매되는 신차의 절반을 전기차가 차지하도록 하겠다고 밝혔다. 또 내연기관 차량의 연비 및 배출가스 기준도 강화해 사실상 자동차 제조사들에게 친환경 자동차로의 전환을 유도했다. 이 정책에는 GM과 포드, 크라이슬러의 모회사 스텔란티스도 동참했는데 3사는 같은날 "파리 기후변화협약이 세운 목표에 따라 탄소 배출 제로에 가깝게 다가가기 위해 2030년까지 전기차 판매 비중을 40~50%로 끌어올린다는 포부를 공유한다"고 밝혔다.

이들 세 회사의 CEO는 이날 바이든 대통령과 백악관에서 만나 구체적인 방안과 입장을 공유하는 자리를 가졌다. 흥미로운 것은 이날 자리에는 일론 머스크는 초대받지 못했다는 것이다. 바이든 대통령과 일론 머스크가 부자 증세, 독과점 규제 등을 놓고 불편한 관계를 이어왔기 때문인 것으로 보인다.

이 정책은 2023년 4월 한발 더 나아가 구체화된다. 미국 정부는 기후 변화 대응을 위해 자동차 탄소 배출 기준을 강화하며 2032년까지 신차의 67%를 전기차로 대체할 방침이라고 밝했다. 이는 중국을 규제하고 북미산 전기차에 추가 세제 혜택을 주는 인플레이션감축법IRA의 후속조치로 전기차 보급확대를 위한 정책이다. 담당 부서인 환경보호청은 이러한 승용차 및 소형 트럭의 탄소 배출 규제안을 발표했다. 구체적으로 미국 정부는 2027년부터 2032년까지 총판매 차량의 배출 가스 한도를 제한해 전기차로의 전환을 꾀하기로 했다. 하지만 2022년 기준 5.8%에 불과한 친환경차 비중이 10년 안에 10배 이상 성장해야 하는 만큼 각사와 시장의 인프라 차원에서 준비해야 할 것들이 산적해있다.

그런데 유럽은 한술 더 떠서 아예 100% 전기차 시대를 열겠다고 선언했다. 유럽연합EU은 2022년 10월 휘발유 등 화석연료를 쓰는 내연기관 차량의 판매를 2035년부터 전면 금지한다는 내용의 탄소배출 규제 법안에 합의했다. 이에 따라 EU 회원국 내에서는 2035년부터 100% 친환경 차량만 판매해야 하는 것이다. 당연히 기업들의 반발이 만만치 않았다. 하지만 친환경 정책을 추진하려는 EU의 의지를 꺾지 못했다. EU는 결국 2023년 3월 내연기관차 퇴출 법안을 최종 처리했다. 다만 유럽의 자동차 강국 독일의 강력한 요청으로 합성연료를 주입하는 신차의 경우 2035년 이후에도 판매를 허용하기로 예외를 뒀다. 합성연료는 탄소 포집 방식으로 합성한 연료와 신재생에너지 기반 수소 등이 포함되며 일부 유럽 제조사는 전기차 배터리 대신 합성연료 차량 확대를 모색하고 있는 상황이다. 이처럼 미국과 유럽이 약속이라도 한 듯 일제히 2030년대부터 사실상 내연기관차의 퇴출을 공표함에 따라 각 자동차 제조사들은 이에 발맞춰야 하는 상황이라 바빠질 수밖에 없다.

GM과 포드뿐만 아니라 전 세계 자동차 제조사들도 대책마련에 분주하다. 유럽 최대 자동차 제조사인 폭스바겐은 2033년부터 유럽에서 내연기관차를 생산하지 않겠다고 선포했다. 크라이슬러를 포함해 피아트, 푸조, 지프를 보유한 스텔란티스도 현재 23종의 전기차 제품군을 2030년까지 75종 이상으로 확대하고 전체 브랜드 친환경차 판매량을 500만 대까지 늘릴 계획이다. 그 중 푸조는 2030년부터 전기차만 판매한다.

적과의 동침 꿈꾸는
테슬라의 충전 야욕

충전소를 털어라

테슬라는 2008년 첫 전기차 로드스터를 출시하며 경쟁사보다 10년 이상 빨리 전기차 시장에 진출했다. 당연하게도 전기차를 충전하는 전기차 충전소 인프라 역시 경쟁사를 압도할 수밖에 없다. 전기차의 여러 장점에도 불구하고 가장 큰 약점으로 지적되는 것이 바로 충전 이슈다. 전기차는 배터리를 충전해 구동하는 방식을 기본으로 하는 만큼 이 배터리를 얼마나 빨리 충전할 수 있고, 한 번 충전으로 얼마나 이동할 수 있는지가 전기차 기업의 경쟁력이자 승부처가 된다.

특히 이러한 경쟁력의 대전제는 언제 어디서나 손쉽고 편리하게 충전할 수 있는 충전소를 충분히 확보하고 있느냐는 것이다. 테슬라는 2012년 고속 전기차 충전소 슈퍼차저Supercharger를 처음 공개했다. 경쟁사보다 10년 이상 앞선 셈이다.

슈퍼차저

2023년 2분기 기준 테슬라 충전소는 전 세계에 5,265곳에 달하며 북미와 아시아에 각각 2,000여 개, 유럽에 1,000여 개가량을 갖고 있다. 충전기만 4만 8,082개가 가동되고 있다.

최대 충전속도가 100kW였던 초창기와 달리 2019년 선보인 3세대 V3 슈퍼차저는 최대 충전속도가 250kW로 크게 개선됐다. 테슬라에서 가장 많이 팔린 모델 3의 롱레인지 차량을 이용할 경우 15분 만에 배터리 용량을 5%에서 55%까지 급속충전한다. 이 경우 최대 261km를 주행할 수 있다. 테슬라는 내비게이션과 슈퍼차저를 동기화해 목적지를 입력할 경우 현재 남은 주행거리와 충전소 등을 고려해 최적의 동선을 짜준다. 별도로 슈퍼차저를 검색할 필요 없이 편리하게 이용할 수 있다. 그리고 2023년 네덜란드에 V4 슈퍼차저가 설치돼 충전속도가 더욱 향상될 예정이다.

그럼에도 불구하고 휘발유나 경유를 넣는 주유소의 수와 주유 시간에 비해 편의성을 충분히 따라잡을 수는 없다. 그렇다 보니 테슬라는 충전 효율을 높이는 기술 개발과 더불어 재미있는 시도도 하고 있다. 바로 테슬라 레스토랑과 드라이브인 서비스의 도입이다. 현실적으로 충전속도를 더 끌어올리는 데 한계가 있는 점을 역이용해 충전소를 휴식을 취하고 즐기는 공간으로 변화시키는 것이다. 사실 한국 고속도로만 해도 대부분 주유소와 휴게소가 결합돼 있는 형태이지만 테슬라는 이보다 한발 더 나아가 쇼핑몰과 영화관 등 엔터테인먼트적 요소도 강화할 구상을 갖고 있다.

아이디어 자체는 이미 2018년부터 제시됐다. 머스크는 1950년대 롤러스케이트장 분위기의 복고풍 레스토랑을 만들겠다며 부푼 꿈을 꿔왔다. 2021년 머스크는 LA의 산타모니카 지역에 이러한 충전과 휴식을 함께 즐길 수 있는 복합공간에 대한 예고를 하기도 했다. 그리고 2023년 개발자의 날 행사에서 구체적으로 이미지를 보여가며 이러한 슈퍼차저가 있는 레스토랑, 테슬라 다이너Tesla Diner에 대한 방향성을 제시한 바 있다.

2023년 8월 실제 미국 캘리포니아주 LA 건축안전부가 테슬라 다이너의 건설을 승인했다는 소식이 들려왔다. LA의 중심가 중 하나인 헐리우드 지역에 지어질 해당 시설에는 32개의 슈퍼차저 충전기와 함께 레스토랑, 영화 예고편이나 짧은 영상을 트는 대형 스크린 2개, 루프탑 등이 설치될 예정이다. 전기차의 단점인 긴 충전시간을 통해 오히려 더 돈을 쓰고 즐길 수 있는 문화복합 공간으로 전환하는 역발상을 한 것이다. 이것이 바로 머스크가 가진 혁신의 힘이다.

표준화 전쟁의 승리를 앞둔 슈퍼차저

슈퍼차저가 단순히 테슬라 차량을 충전하는 기계에서 확장성을 가진 문화 공간으로 변모하는 사이, 슈퍼차저 정책에도 큰 변화가 발생한다. 다름 아닌 테슬라 차량만 충전할 수 있었던 슈퍼차저를 GM과 포드 등 타 경쟁사와 공유하기로 결정한 것이다. 테슬라는 NACSNorth American Charging Standard라는 독자적인 충전 규격을 이용한다. 반면 현재 미국, 유럽 등에서 보편적으로 사용하는 충전 규격은 CCSCombined Charging System다. 이런 상황에서 테슬라가 슈퍼차저에서도 다른 브랜드의 전기차가 충전할 수 있도록

국가별 전기차 완속·급속충전 표준규격

	미국·한국	유럽	일본	중국	Tesla (미국)
완속 (AC)	Type1 (J1772)	Type2 (Mennekes)	Type1 (J1772)	GB/T	NACS (North American Charging Standard)
급속 (DC)	Combo (CCS1)	Combo (CCS2)	CHAdeMO / ChaoJi (미정)	GB/T / ChaoJi 또는 GB/T 개정판 (미정)	
통신 방식	PLC		CAN		CAN
출력 범위	150kW 대응기기가 일반적, 350kW 대응기기 설치 시작		50kW 대응기기가 일반적, CHAdeMO는 90kW 대응기기 설치 시작		250kW 대응

출처=한국자동차연구원

문호를 개방한 것이다.

　테슬라는 2024년 말까지 17만 700개의 미국 내 슈퍼차저 가운데 7,500개를 모든 전기차가 사용하도록 개방할 계획이라고 발표했다. 충전 속도가 빠를 뿐만 아니라, 따로 결제를 해줘야 하는 다른 충전소와 달리 충전 코드를 연결하면 사용자를 인식해 자동으로 과금되는 테슬라식 충전소를 타 브랜드 전기차도 이용할 수 있다.

테슬라는 왜 슈퍼차저의 문턱을 낮춰 경쟁사들까지 품은 것일까. 우선 치열해지는 전기차 시장 경쟁에서 업계 1위 테슬라의 시장 점유율이 점차 떨어지고 있다는 점을 감안해야 한다. 향후 테슬라의 아성에 도전하는 수많은 전기차들의 활약으로 테슬라의 입지가 흔들릴 수 있다. 실제 북미시장에서 테슬라의 시장 점유율은 최근 들어 줄어들고 있다. 이에 테슬라는 슈퍼차저 충전소 독점 대신 공유를 택하며 시장에서의 영향력을 보다 확대시킬 수 있을 것으로 보인다. 전기차의 가장 큰 단점인 충전 인프라의 부족 문제를 1등 기업 테슬라가 선심 쓰듯 양보한다면 전기차를 구입하려는 사람들 자체가 늘어날 것이고 테슬라에겐 오히려 더 많은 고객을 확보할 수 있는 기회가 될 것이다. 그리고 또 하나, 바로 충전소를 하나의 사업영역으로 확장해 나가려는 테슬라의 복심도 엿보인다. 우선 슈퍼차저를 사용하는 전기차의 절대량이 많아질 경우 충전을 통해 테슬라가 얻을 수익이 자연스레 늘어난다. 게다가 수많은 전기차 브랜드의 충전 정보, 데이터를 수집할 수 있는 점도 테슬라에게 나쁘지 않은 투자로 해석된다.

결정적으로 미국 정부의 충전소 설치 지원금 정책의 영향이 크다. 인플레이션감축법IRA 법안을 통해 북미산 전기차 생산을 유도하고 많은 지원금을 준비해둔 미국 정부는 2022년에 국가 전기차 인프라National Electric Vehicle Infrastructure 보조금 정책을 발표했다. 미국 정부는 50만 기의 공공 충전기를 구축하고 향후 5년간 75억 달러(약 9조 6,000억 원) 규모의 충전소 건설 지원금을 내놓는다. 문제는 말 그대로 공공 충전기를 만들어야 하기 때문에 테슬라만 쓰는 규격인 NACS는 그 혜택을 받지 못하도록 제한했다. 이런 가운데 테슬라는 자사의 슈퍼차저를 개방하며 태세 전환에 나선 것이다. GM과 포드는 향후 NACS 규격에 기반해 전기차 충전 시스템을 설계하고 여기서 쓸 수 있는 충전기 어댑터도 내놓았다. 실제 미국 정부는 테슬라가 타 전기차 제조사에 슈퍼차저를 개방한다는 조건하에 테슬라 충전소 건설에 대한 지원도 약속한 만큼 더 많은 지원금을 받기 위해 이러한 개방 정책을 택한 것이다.

실제 전기차 보조금 전쟁에서 테슬라의 압승이 눈에 보이는 상황이다. 미국 연방 정부의 전기차 충전소 지원금 확보 경쟁에서 테슬라는 오랜 기간 쌓아온 충전소 건설 경쟁력과 저렴한 공사비용으로 지원금을 독식하고 있다.

〈월스트리트저널〉에 따르면 테슬라는 도로변 충전소 건설을 위한 연방 정부 지원금 확보 입찰 경쟁에서 타 경쟁사보다 절반 정도의 공사대금을 제시하고 있다. 전기차 충전소를 짓기 위한 경쟁사들의 평균 공사비용은 79만 5,000달러다. 하지만 테슬라는 그 절반인 평균 39만 2,000달러의 공사비용으로 경쟁사를 압도 중이다.

특히 이미 10년 전부터 급속충전소를 지어온 테슬라는 차별화된 건설 노하우와 경험으로 타사보다 훨씬 빠른 기간에 충전소를 건설할 수 있다. 이로 인해 오하이오, 하와이, 펜실베이니아, 메인, 콜로라도 등 충전소 건설 지원금 수혜업체를 확정한 5개 주에서 테슬라가 경쟁사보다 훨씬 많은 지원금을 받아낸 것으로 알려져 있다.

전기차·충전소 시장 분석업체 EV어댑션은 테슬라가 지금까지 지출된 정부의 충전소 건설 지원금 가운데 약 850만 달러를 수령한 것으로 파악한다. 현재 미국 급속충전소 중 테슬라의 비중은 약 60% 정도다. 타사들도 수 억 달러를 투자해 충전 인프라를 자체적으로 구축하겠다고 천명한 가운데 치열한 전기차 시장에서 벌어질 충전소 전쟁은 격화될 전망이다.

이번 충전 규격 개방을 놓고 충전 규격 표준화 논쟁에도 다시 불이 붙었다. CSS로 사실상 결정됐던 전기차 충전 규격이 테슬라 주도 아래 다시 NACS로 가져오고 있기 때문이다. CSS 방식을 고수해온 미국 정부도 테슬라의 개방 정책을 긍정적으로 바라보며 입장을 선회하는 모습을 보이고 있다. 또 여러 전기차 제조사들이 앞으로 NACS 규격에 맞는 전기차를 내놓겠다고 잇

달아 발표하고 있다. 이어 볼보, 벤츠, 닛산 등 유수의 전통 제조사들이 너도나도 테슬라 표준을 따르겠다고 밝혔다. 과연 이 충전 규격 표준 문제가 누구의 승리로 끝날지는 알 수 없지만 테슬라가 현재 벌어지고 있는 변화의 물결 속에서 분명히 이득을 보고 있는 상태다. 반면 그간 독자적으로 충전 기술을 발전시키며 CSS 규격을 사용해온 현대차와 폭스바겐의 입장은 다소 난처해졌다. 현대차는 자사의 충전소가 아닌 슈퍼차저를 이용할 때 더 느린 충전 속도를 보이는 만큼 이에 대한 대책 마련에 나서고 있다. 최근 테슬라 슈퍼차저에서 현대차가 포착되며 합류 여부에도 관심이 쏠린다.

테슬라의 슈퍼차저는 이번의 확장성과 표준화 가능성으로 하나의 독립 사업부문으로서의 경쟁력도 갖췄다. 외부 전기차가 이용하면서 얻는 충전 수익과 표준화에 성공할 경우 얻는 보이지 않는 혜택을 더한다면 그 가치가 더욱 높아진다. 웨드부시 증권의 댄 아이브스Dan Ives는 테슬라의 슈퍼차저 사업이 전체 매출의 6%로 비중이 커질 것이라고 주장했다. 슈퍼차저의 사업가치가 향후 최대 200억 달러에 달할 것으로 전망된다는 것이다. 그야말로 일거양득의 효과를 내는 사업인 것이다. 미국 투자금융회사 파이퍼샌들러 역시 2024년 슈퍼차저 예상 매출액이 8억 8,500만 달러를 기록할 것이며 10년 안에 10배 이상 늘어나 100

억 달러는 충분히 넘어설 것으로 예측하고 있다.

닮은 듯 다른 애플과 테슬라

혁신의 아이콘이자 시장의 리딩기업인 테슬라와 애플, 두 회사는 묘하게 닮은 면모들이 보인다. 충전 규격 표준화 전쟁은 이미 스마트폰에서 벌어졌다.

북미 스마트폰 시장 점유율 1위인 애플은 그간 안드로이드 진영에서 표준 충전단자로 써온 C타입 대신 독자적인 충전 규격인 라이트닝 8핀 충전 방식을 고수해왔다. 공교롭게도 테슬라가 자신의 충전소를 타사들과 공유하기로 한 2023년에 애플 역시 최신 프리미엄 스마트폰 아이폰15에 아이폰 최초로 C타입 충전잭을 이용한다고 밝혔다. 유럽에서 표준화나 독과점 기업에 대한 우려를 계속해서 제기하자 애플도 이제는 표준 전쟁을 끝내고 C타입으로의 전환을 결정했다. 다만 테슬라는 자신들의 충전 표준을 시장 표준으로 만들어나가고 있는 것과 달리 애플은 한발 양보한 모습이다.

애플과 테슬라가 철저히 자신들만의 표준을 사용하고, 개방 대신 폐쇄형 정책을 써온 이유는 단순하다. 자신들의 에코시스템 안에 사용자를 오랜 시간 머물도록 유도하기 위해서다. 경쟁사의 제품을 쓰지 않고 그 안에서 모든 일상과 업무 등을 가능하도록 유도해 생태계 밖으로 빠져나가지 못하게 하는 것이다. 애플의 그러한 폐쇄성 전략과 같이 머스크는 테슬라와 함께 슈퍼앱을 목표로 하는 X(구 트위터)를 중심축으로 이용자들을 자신들의 울타리 안에 머무르게 하려고 애쓰고 있다. 열렬한 광신도와 팬덤을 만들고 타 서비스나 기기 이용자들과 차별화되는 우위 전략을 사용하는 것도 모두 같은 맥락에 포함된다.

하지만 반대로 이러한 폐쇄 정책은 규제당국이나 경쟁사 입장에서 무척 난처한 전략이다. 쉽사리 후발 사업자의 진입을 허용하지 않으며 한 번 울타리 안에 들어간 고객을 빼앗아오기란 여간 어려운 일이 아니기 때문이다. 이러한 사업 전략은 1위 기업의 경쟁력을 더욱 강화하고 경쟁사들을 고사시켜 시장의 불균형을 초래한다. 시장경제적인 측면에서 규제당국의 눈엣가시다. 실제 테슬라는 연방거래위원회FTC와 앙숙이라 불리며 독과점 문제에 대한 수차례 지적을 받아왔다. 그렇다 보니 애플이나 테슬라 모두 지금까지 추진해오고 계획한 것과 달리 어느 정도 개방이라는 키워드를 챙겨가면서 사업을 전개할 수밖에 없는 것이다. 이런 부분이 애플의 충전단자를 C타입으로 바꾸게 했고 테슬라의 충전소가 경쟁사에게 열리는 방향으로 이어졌다.

유럽연합은 알파벳, 아마존, 애플, 메타, 마이크로소프트, 바이트댄스 등 총 6개 기업을 특별 규제를 받는 대형 플랫폼 사업자를 뜻하는 게이트키퍼로 지정하고 이에 대한 특별 관리를 발표했다. 2024년부터 시행되는 디지털시장법상 특별규제를 받는 해당 기업은 시장 지배력을 남용할 수 없으며 만약 발생할 경우 전체 매출의 최대 10%에 해당하는 막대한 과징금을 부과받게 된다. 이와 같이 전 세계적으로 독점 기업에 대한 규제가 강화되고 있다는 점 역시 테슬라의 충전소 개방에 영향을 미쳤을 수밖에 없다.

다음 게임체인저는
무엇일까

사이버트럭의 미래

2019년 11월 일론 머스크는 사이버트럭 발표회를 열었다. SF 영화의 고전 〈블레이드 러너〉의 시대배경에서 영감을 얻은 듯한 사이버펑크 스타일의 픽업트럭 모델이 세상에 공개된 것이다. 미래지향적이면서 극도로 단순화된 디자인과 우주 로켓에 쓰이는 소재로 만들어진 외형, 그리고 테슬라라는 혁신 브랜드의 힘이 더해진 사이버트럭은 모두의 이목을 집중시켰다.

픽업트럭은 가장 미국적인 차량이다. 미국은 땅덩어리가 워낙 넓다 보니 모든 게 크다. 집도 크고, 음식점이나 슈퍼마켓 등 매장도 크고 주차장도 크다. 그렇다 보니 큰 차가 인기가 많다. 특히 잠깐 집 앞에 걸어나가 슈퍼나 편의점을 갈 수 있는 게 아니기 때문에 코스트코 같은 창고형 마트에서 대량으로 구매해 물품을 집에 쌓아둬야 하는 미국인들 특성상 짐을 많이 실을 수 있는 적재공간이 넉넉한 픽업트럭은 항상 인기다.

　미국 브랜드인 GM과 포드는 큰 차량, 특히 픽업트럭 시장만큼은 타 경쟁사에 밀리지 않는 경쟁력을 갖추고 있다. 실제 2022년 미국에서는 총 1,363만 대가 넘는 자동차가 판매됐다. GM이 226만 대를 판매하며 판매량 1위고 토요타가 201만 대로 2위, 포드가 184만 대로 3위다.

　그런데 차량 모델별로 살펴보면 1~3위가 놀랍게도 모두 픽업트럭이 차지하고 있다. 판매량 1위 모델은 65만 3,957대가 팔린 포드의 픽업트럭 포드 F-시리즈다. 이어 GM 계열사의 쉐보레 실버라도가 52만 대로 2위, 스텔란티스에 소속된 램의 픽업트럭이 46만 대로 3위다. 이 중 8위가 22만 대가 판매된 테슬라 모델 Y이며 10위권 내에 픽업트럭과 SUV 차량이 9개나 차지하며 큰 차에 대한 미국의 선호도를 다시 한번 확인시켜줬다. 그만큼 미국 시장에서 픽업트럭의 인기는 타의 추종을 불허하며 이런 시장을 테슬라가 놓칠 수 없는 것이다.

　사이버트럭은 철저히 미국스러운 크기와 디자인으로 인해 유럽과 아시아 시장보다는 북미 시장에서 얼마나 큰 경쟁력을 발휘하며 기존의 전통 완성차 제조사를 압도할 수 있을지 관심이다. 일단, 테슬라니까 믿고 본다는 사람들도 많다.

　깜짝 발표된 사이버트럭은 당초 2021년 출시할 계획이었다.

사이버트럭 양산 1호

하지만 이런저런 이슈들과 보완해야 할 사안 등으로 인해 미뤄져서 2023년에 본격적인 생산이 이뤄질 전망이다. 사이버트럭을 공개한 직후 시작된 사전예약은 3년치가 다 차버리며 현재는 예약조차 어려운 상태다.

해당 차량은 기가팩토리 텍사스에서 본격적인 양산이 예고돼 있다. 이곳 공장에서는 연간 50만 대의 차량 생산이 가능한데 이 중 25만 대는 모델Y, 나머지 25만 대는 사이버트럭을 생산할 계획이다. 2023년 7월 15일 테슬라는 1호 양산차와 공장직원들의 기념사진을 올리며 본격적인 대량생산과 차량 고객 인도를 예고했다.

시장에서는 대량 양산에 들어갈 경우 2023년 4분기부터 최대

2만 대 이상 인도가 가능할 것이란 전망도 나왔다. 하지만 일각에선 2,000대에 그칠 것이라는 회의론도 함께 나오며 시장 예측은 갈렸다. 초도 물량 생산 시 발생할 각종 문제를 잡아내고 생산 공정을 최적화하는 데 얼마나 시간이 걸리느냐가 관건이다. 또 4년 전 첫 공개 당시 밝힌 3만 9,900~6만 9,900달러의 가격 또한 각종 원자재 및 부품 가격의 인상과 인플레이션의 영향으로 오를 것으로 예상되는 만큼 이 역시 변수가 될 전망이다.

특히 처음 사이버트럭 출시를 예고했던 2021년과 달리 2023년은 테슬라에 도전하는 타 경쟁사의 공세가 거세지고 있는 시점이다. 위기의 테슬라에게 사이버트럭이 구세주가 될지 관심이 쏠리고 있다.

사이버트럭의 경쟁자 F-150 라이트닝

픽업트럭 시장에서 테슬라의 최대 라이벌은 포드의 F-150 모델이다. 40년 넘게 픽업트럭 시장의 최강자로 군림해온 F-150은 사이버트럭의 거센 도전을 맞이할 것으로 보인다. 2022년에도 미국에서 가장 많은 판매고를 올린 F-150은 사이버트럭보다 한 발 빨리 전기차 모델 F-150 라이트닝을 내놓았다. 2022년은 러시아-우크라이나 전쟁 여파로 석유 가격이 폭등하고 반도체 부족으로 인한 차량 생산이 대거 지연되던 상황이었다. F-150 라이트닝은 출시되자마자 20만 대 이상의 사전 예약이 몰리며 큰 인기를 얻었다. 실제 수요를 공급이 따라가지 못하자 포드는 가격을 인상했고, 일부 딜러샵에서는 기존 가격보다 2배 높은 가격에 판매하며 논란을 일으킬 정도였다. 그렇게 팔아도 사는 사람이 있었던 게 당시 상황이었다.

하지만 2023년 드디어 사이버트럭이 양산 준비를 마친 만큼 픽업트럭 시장의 지형도에 어떤 변화가 일어날지는 벌써부터 흥미진진하다. 포드 역시 최근 불고 있는 전기차 가격 인하 전쟁에 동참하며 F-150 라이트닝 모델의 가격을 최대 1만 달러 인하하며 가격 경쟁력을 뽐내고 있다. 하지만 사이버트럭 출시가 다가올수록 불안감은 커질 수밖에 없다.

오토파일럿과
자율주행차

테슬라는 전기차라는 기존의 질서를 완전히 파괴하는 새로
운 하드웨어를 만들었고 소프트웨어 기술적으로는 궁극의 자동
차 기술이라 불리는 자율주행기술 역시 주도하고 있다. 즉 하드
웨어와 소프트웨어 양면에서 혁신을 주도하고 있는 것이다. 테
슬라는 전기차를 선보임과 동시에 '오토파일럿'이라 불리는 자
율주행기술을 함께 도입하며 어느 자동차 회사보다 앞선 기술을
회사의 핵심 경쟁력으로 내세우고 있다.

직접 운전하는 상황을 상상해보자. 운전자는 주변에 사람과
장애물은 없는지, 주변의 수많은 차량들과 얼마나 멀고 가까운
지, 신호등과 표지판의 정보를 실시간 수집하면서 순간 순간 신
속하고 정확하게 판단하고 결정해야 한다. 수많은 운전자들은
공통된 규칙 아래 운전을 하며 상호 작용하지만 운전자마다 인
지능력과 판단능력 등은 제각각일 수밖에 없고 능력이 뛰어나더
라도 찰나의 실수가 생명을 위협하는 사고로 이어질 수 있는 것

이 자동차 주행의 숙명이다. 자율주행은 이러한 인간의 오류나 오판을 줄이고 궁극적으로는 이를 없애 가장 효율적인 운전에 기반한 교통 흐름의 형성과 더불어 균일하지 않은 운전자 변수를 없애 교통사고가 발생하지 않도록 하는 것을 목표로 한다.

사실 자율주행의 역사는 생각보다 오래됐다. 어쩌면 자동차의 등장과 함께 이에 대한 고민은 시작됐을지 모른다. 1960년대 처음 자율주행기술에 대한 개념이 본격화됐고 이후 조금씩 자율주행기술에 대한 개념 정리와 방식에 대한 연구가 이어졌다. 다만 기계공학에 기반해 만들어진 자동차가 인간의 발을 대신하는 건 쉬웠지만 인간의 인지능력과 감각적 판단까지 대신하기에는 기술적 한계가 명확하기에 그 속도가 더디게 진행될 수밖에 없었다. 자율주행이 가능하려면 일단 사람의 눈에 해당하는 카메라 기술, 주변 차량과 사람, 장애물들간의 거리와 위치를 파악하는 센서 기술을 기본적으로 확보해야 하고 이를 바탕으로 속도를 높일지, 줄이거나 멈출지 등을 판단하는 능력이 필요하다. 이를 실현하기 위해서는 인간의 두뇌에 해당하는 반도체 기술과 슈퍼컴퓨팅 기술의 발전이 반드시 필요했다. 결국 2000년대 들어 비약적으로 발전한 반도체 기술은 본격적으로 자율주행기술에 쓰이고 있는 것이다.

미국자동차기술학회에 따르면 자율주행기술은 사람이 직접

자율주행 자동차의 기술 수준 6단계

레벨 0	레벨 1	레벨 2	레벨 3	레벨 4	레벨 5
비자율 주행 운전자 항시 운행	운전자 보조주행 방향·속도 제어	부분적 자율주행 차선과 차량 간격 유지	조건부 자율주행 운전자 위급 상황시 비상제동	고수준 자율주행 정해진 도로 자율주행, 비상시 운전자 개입	완전 자율주행 운전자 개입 불필요

차량 통제권 ‖ 운전자	차량 통제권 ‖ 자율주행자동차

출처=미국자동차기술학회

운전하는 레벨 0부터 사람이 운전석에 앉을 필요도 없는 완전 자동화 단계인 레벨 5까지 총 6개 단계로 자율주행기술을 분류하고 있다. 그렇다면 현재 각종 첨단 기술이 적용된 자율주행기술은 어느 단계쯤 와 있을까. 최근의 기술혁신의 속도를 생각해보면 레벨이 높을 것 같지만 현재 수준은 레벨 2 정도로 봐야 한다. 일부 레벨 3를 달성했다는 자동차 제조사들과 관련 기술기업들이 있기는 하지만 아직 갈 길이 먼 것이 현실이다.

자율주행기술이 가장 앞서 있는 기업으로 불리는 테슬라는 어떨까. 전기차 시장을 선도했던 테슬라답게 한발 빠른 자율주행기술의 도입으로 누적된 자율주행 운행 데이터가 경쟁사를 압도한다. 2020년 2월까지 오토파일럿 운행 거리가 무려 48억 킬로미터가 넘는다. 전 세계 곳곳의 도로와 각종 운행 상황에서 발생하는 변수들을 직접 경험하고 습득했고 이를 바탕으로 다시 학습해 자율주행기술을 발전시키도록 선순환했다.

테슬라는 오토파일럿 기능을 옵션으로 제공한다. 전 차량에 기본 탑재되는 레벨 2단계의 오토파일럿은 스마트 크루즈 컨트롤SCC이라 불리는 정속 유지, 앞 차와의 간격 유지, 차로 유지 기능 등을 포함해 첨단 운전자 보조 시스템ADAS으로 작동한다. 이와 더불어 테슬라는 향상된 오토파일럿Enhanced Autopilot, 풀 셀프 드라이빙기능FSD 등 2개의 유료형 자율주행기술을 옵션으로 제공하고 있다. 향상된 오토파일럿은 자동 차로 변경, 자동주차, 차량 호출 기능 등이 포함됐고, FSD는 고속도로나 고속화도로뿐만 아니라 더 복잡하고 판단할 게 많은 시내 주행이 가능한 완전 자율주행을 지원하고 있다. 테슬라의 FSD가 레벨 5단계에 해당한다고는 할 수 없으나 확실히 다른 경쟁사를 압도하는 자율주행기술 경쟁력을 갖고 있다.

테슬라 자율주행기술의 핵심인 FSD는 2020년 10월 처음 공개됐다. V1 베타버전을 시작으로 점차 사용자 수를 늘리며 V11까지 업데이트가 이뤄졌다. 2023년 1분기 기준 약 3억 킬로미터의 누적 운행 기록을 보유하고 딥러닝과 인공지능 기술을 활용해 자율주행 기술 정확도를 개선했다.

전통적인 제조업 관점에서 수익을 내는 방법도 완전히 바꾸었다. 최소 수천만 원에 달하는 자동차는 사실 한 번 판매할 때 생기는 매출이 전부다. 또다시 신차를 판매해야 수익을 낼 수 있다. 하지만 일론 머스크는 자율주행기술인 오토파일럿을 하나의 상품으로 판매하기 시작했다. 향상된 오토파일럿과 FSD를 유료 옵션화한 것인데 FSD는 1만 5,000달러를 내면 구매할 수 있다. 그뿐만 아니라 이를 월정액 형태로 구독할 수 있도록 했는데 월 199달러를 내면 최신 버전의 FSD 기능을 사용할 수 있도록 지원하고 있다. 이는 그간 차량 판매 외에 수익을 낼 수 없던 자동차 업계에 또 다른 혁신으로 평가받는다.

사실 구독형 모델은 넷플릭스와 같은 콘텐츠 사업에서 각광받은 사업 형태다. 회원 가입자 수만큼 매달 매출이 발생하기에 안정적이고 꾸준한 매출을 얻을 수 있다는 장점이 있다. 특히 계절별 요인이나 신차의 흥행 여부에 따라 들쭉날쭉한 매출이 나올 수 있는 자동차 업계에서는 자율주행기술의 구독 모델화는 안정적인 수익을 통한 위험 분산 차원에서도 큰 도움이 된다.

모건스탠리는 FSD가 2025년까지 테슬라 매출의 6%를 차지할 수 있고 구독 서비스가 전체 영업이익의 25%를 차지할 수 있을 것이라며 테슬라의 효자 수익원이 될 것이라고 내다보고 있다. 테슬라의 구독 모델 도입은 타 제조사의 자동차 옵션 구독 전환도 앞당기고 있다. BMW와 벤츠는 일부 기능을 구독 모델로 제공하는 옵션 전환을 추진하고 있다. 다만 높은 충성도를 기반으로 기술 혁신을 제공하는 테슬라의 구독 모델과 달리 타사들의 옵션 구독화는 큰 반발심을 불러일으키며 시장에 논란을 일으키기도 했다. 구독경제의 의도가 저렴한 비용을 내고 양질의 콘텐츠나 가치를 얻고자 하는 것인데 모든 회사들이 구독경제를 도입하며 소비자 입장에선 매달 고정적으로 빠져나가는 구독경제 소비 비용이 확대되기 때문이다. 테슬라의 자율주행기술에 대한 경험 가치는 그 값어치가 있다는 인식이 많지만 경쟁사들의 구독 모델은 단순히 옵션을 가지고 고객을 우롱한다는 인식과 거부감이 작용하는 상황이다.

테슬라는 한발 더 나아가 완전 자율주행 소프트웨어 등을 다른 완성차 회사에 라이선스로 제공하는 방안을 검토하고 있다. 다만 레이더나 라이더 등 센서 기술이 아닌 카메라 기술에 기반한 자율주행기술을 보유한 테슬라의 오토파일럿을 다른 차량에 탑재하려면 그만큼 많은 카메라가 필요하기에 실질적으로 어떤 방식의 판매가 가능할지는 조금 더 지켜봐야 한다.

보다 안전하고 효율적인 운행을 위해 시작된 자율주행기술 경쟁은 자동차에 대한 고정관념과 라이프스타일을 바꿀 변곡점이 될 수 있다. 아직은 미래지만 완전한 자율주행기술이 도입된다면 사람들은 이제 차 안에서 운전을 하지 않고 시간을 보내야 할 상황이 늘어난다. 그렇다 보니 차 안에서 즐길 거리, 놀거리가 충족돼야 하며 그를 위해 각종 엔터테인먼트와 영화, 드라마 등 콘텐츠 사업이 접목될 가능성도 커지고 있다. 자동차가 하나의 휴식공간이자 노는 공간이 된다면 그 안에서 소비할 수 있는 것이 무엇인지가 중요하기 때문이다. 많은 자동차 제조사들이 자율주행기술에 투자하는 이유 역시 이처럼 자동차를 더 이상 모빌리티나 운송수단이 아닌 하나의 공간 개념으로 인식의 전환을 이뤄낼 수 있는 기회가 될 수 있기 때문이다.

리비안, 제2의 테슬라 노리는 전기차 스타트업

닮은 듯 다른 테슬라와 리비안

테슬라의 성공 후 여러 기업들이 자칭 타칭 제2의 테슬라로 불리며 한껏 몸값을 올린 바 있다. 그중 대표적인 기업이 바로 리비안이다. 리비안은 MIT 박사 출신 R. J 스캐린지R. J Scaringe가 2009년 설립한 전기차 기업이다. 그는 엔지니어였던 아버지의 피를 물려받아 10대 시절부터 자신만의 자동차를 만들겠다는 당찬 포부를 가진 꿈 많은 소년이었다. 이웃집의 차고에서 차량을 분해하고 재조립하는 등 자동차에 대한 애착을 키워가던 그의 진로 역시 자동차로 향했다. 스캐린지는 GM의 전설적인 CEO 알프레드 슬론의 모교인 MIT 슬론 자동차 연구소에서 박사학위를 따며 자동차에 대한 열정을 불태웠다. 졸업 후 고향인 플로리다로 돌아간 그는 리비안의 전신인 '메인스트림 모터스'를 설립하고 본격적인 자동차 개발에 나섰다. 사명은 이후 아베라 오토모티브를 거쳐 2011년 리비안으로 바뀌며 현재까지 그 이름을 쓰고 있다. 리비안은 그의 고향 지역에 있던 '인디언 호수Indian River'에서 따온 이름이다.

스캐린지는 자동차를 공부하며 자동차가 발생시키는 환경오염에 대해 진지했다. 지속가능하고 환경친화적인 자동차를 만들어야 겠다는 뚜렷한 목표의식을 세웠다. 이는 일론 머스크가 전기차를 만들겠다고 결심한 동인과 흡사하다. 자연스럽게 친환경 전기차 개발로 이어졌다. 사실 리비안의 행보는 테슬라를 많이 닮았다.

리비안은 곧바로 차를 만들기보다는 연구·개발에 집중했다. 약 4년간 전기차 시장 전반, 차량 플랫폼 개발, 생산 표준화 등 다방면의 필요한 기술 역량을 축적했다. 테슬라가 기술력을 뽐낼 로드스터를 제일 먼저 선보였듯이 리비안 역시 스포츠카 쿠페 개발을 먼저 시작했다. 하지만 이를 상품화하는 데 실패한 리비안은 곧바로 대량생산이 가능한 SUV 및 픽업트럭 생산으로 노선을 변경했다. 기존 테슬라가 진출한 세단 시장을 피해 픽업트럭 시장을 공략하기로 한 것이다.

전기차의 특성을 극대화하고 생산 효율을 높이기 위해 회사는 '스케이트 보드'라 불리는 일체형 플랫폼을 개발하는 데 성공했다. 이는 배터리, 서스펜션, 제어컴퓨터 등을 한꺼번에 내장하는 가장 효율적인 플랫폼으로 생산 절차를 표준화하는 데 기여했다. 이후 그에게 기회의 여신이 크게 미소 지었다. 2017년 리비안은 일리노이주에서 폐업한 미쓰비시 자동차 공장을 1,600만 달러의 저렴한 가격에 인수해 생산 설비와 공장을 확보한다. 이어 2018년 LA모터쇼에 참석한 리비안은 최초의 자사 전기 픽업트럭 'R1T'와 전기 SUV 'R1S'를 공개하며 시장의 기대감을 끌어올렸다. 미래적인 디자인과 전기차라는 혁신 기술, 그리고 미국인들이 사랑하는 중·대형 차량 세그먼트는 수요자들을 흥분시키기에 충분했다. 곳곳에서 제2의 테슬라가 등장했다며 찬사를 보냈다. 테슬라의 시그니처 기술이기도 한 자율주행기술 역시 레벨 3단계까지 가능하다고 자신했다.

기대감이 높아지며 대기업들이 경쟁적으로 투자에 나섰다. 먼저 미국 1위 전자상거래 기업 아마존이 2019년 2월에 7억 달러 투자를 발표하며 전략적 제휴를 택했다. 아마존의 수많은 배달용 트럭을 리비안의 전기 트럭으로 대체하겠다는 큰 그림이다. 아마존은 2040년까지 넷제로Net Zero 도달을 선언하며 10만 대의 리비안 전기 배달 밴EDV를 구입하겠다는 계획도 발표했다. 그뿐만 아니라 미국을 대표하는 자동차 생산기업 포드 역시 2019년 4월에 5억 달러를 투자하겠다고 밝히며 리비안과의 전기차 공동개발을 발표했다. 당시 업계는 포드가 전기차의 자체 개발 대신 리비안의 기술력을 활용해 전기차 시장 공략에 나설 것이라고 예측했다. 2019년에만 리비안은 무려 28억 5,000만 달러의 투자금을 유치하며 차량 생산 한 대 없이 어마어마한 몸값을 자랑했다.

위기를 넘어 살아남는 기업이 될 수 있을까

2020년 코로나19 대유행으로 사업이 어려워질 것이라는 전망이 우세했지만 오히려 제로금리시대로 인한 유동성 확대로 투자자금은 대거 리비안으로 몰려들었다. 특히 제2의 IT 붐이라 불릴 만큼 테크 기업으로의 자금 쏠림이 확대되면서 리비안 역시 그 덕을 쏠쏠하게 봤다. 결국 테크 기업들의 상장 계획이 줄줄이 발표된 가운데 리비안 역시 상장을 통한 성장을 택했다.

2021년 11월 리비안은 나스닥에 상장한다. 상장 직후의 기세는 파죽지세였다. 공모가 78달러를 책정받고 상장된 리비안은 곧바로 180달러까지 치솟으며 자신에 투자했던 포드나 GM의 시가총액을 뛰어넘어 테슬라와 토요타에 이은 시가총액 세계 3위 자동차 업체가 되기도 했다. 자연스레 아마존, 포드 등 리비안의 미래가치에 투자한 기업들의 선구안에 대한 찬사가 쏟아졌다.

하지만 이러한 분위기는 순식간에 식었다. 유동성이 크게 축소되자 IT버블이 꺼지면서 최근 상장한 테크 스타트업 기업들의 주가 하락이 두드러졌고 리비안 역시 이런 대세를 거스르지 못했다. 곧바로 리비안의 위기가 찾아왔다. 주가는 고점 대비 90% 가까이 떨어졌고 리딩 투자자였던 아마존과 포드와의 관계도 삐걱거렸다. 포드는 리비안과의 제휴 대신 전기차 독자개발을 택했다. 포드는 2021년 말 11.4%에 달했던 리비안 지분을 지속적으로 처분하며 결별 수순을 진행했다. 아마존 역시 기존 10만 대 공급 계약을 대폭 줄이며 당초 계획의 10분의 1인 1만 대의 전기 배달 밴을 구입하겠다는 의사를 전했다. 리비안 역시 아마존에 독점공급하기로 했던 기존 계약을 재검토에 나선 상태다.

결론적으로 거시경제의 위기감이 지속적으로 증가한 가운데 사업적으로도 느린 개발 속도와 더딘 판매량 추이가 리비안의 발목을 붙잡으며 투자자들의 인내심이 바닥을 드러내기 시작한 것으로 보인다. 일각에서는 리비안의 성장성에 의문을 제기하며 파산 우려를 표하기도 했다. 대표적인 인물이 일론 머스크다.

머스크는 2022년 6월 자신의 트위터에 "리비안과 루시드는 파멸의 길을 걷고 있다"며 "두 업체가 획기적으로 비용을 줄이지 않는다면 다른 자동차 회사들과 함께 자동차 회사의 공동묘지에 있게 될 것"이라고 경고했다.

제2의 테슬라를 꿈꾸며 무럭무럭 성장해온 리비안과 루시드, 두 전기차 스타트업 기업을 한데 묶어 비판하며 긴장감을 조성한 것이다. 압도적 시장 1위 테슬라 입장에서 그간 경쟁 상대조차 되지 못했던 두 기업의 성장에 견제구를 날렸다는 평가와 분기당 수십만 대를 생산할 수 있는 공장설비와 인력을 확보하고 규모의 경제를 구축하고 나선 테슬라만이 할 수 있는 비판이라는 의견이 함께 나왔다. 재미있는 것은 테슬라 역시 리비안과 마찬가지로 초창기 심각한 파산 위기와 고비를 여러 차례 넘겼다는 것이다.

2017년, 테슬라는 회사의 야심작 모델 3의 판매를 개시했다. 시장의 기대가 컸고 많은 사람들이 모델 3를 사기 위해 줄을 섰다. 하지만 이러한 수요를 공급이 따라가지 못했다. 주당 5,000대 이상 생산하겠다던 기존 약속과 달리 모델 3는 2017년 3분기 260대 생산에 그쳤고 4분기에도 겨우 2,400여 대를 생산했다.

결국 이러한 생산 차질은 테슬라의 신용등급 강등과 기업가치 하락으로 이어졌다. 머스크는 자주 이 당시의 기업경영의 위기에 대해 언급했다. 머스크는 당시 상황이 극심한 스트레스와 고통의 시간이었다고 회상하면서 재정적인 상황이 파산 한 달 직전까지 갔었다고 한다. 이런 극심한 성장통을 극복한 테슬라이기에 현재의 위치에 오를 수 있었던 것이다.

리비안도 상장 이후 본격적인 대량생산 체제를 갖추기 직전의 타이밍이 가장 큰 고비일 수 있다는 뜻이다. 리비안은 2023년 2분기 1만 3,992대의 차량을 생산하는 데 성공했다. 이는 전년 동기 대비 200% 넘게 늘어난 숫자다. 2023년 목표인 5만 대 생산이 가능할 것으로 보이는 가운데 리비안의 대량생산의 꿈이 이뤄질 시점 역시 관심사다. 물론 기업 실적에 대한 우려는 여전하다. 2023년 2분기 리비안은 11억 달러의 매출과 12억 달러의 순손실을 기록했다. 전년 동기의 매출이 3억 6,400만 달러, 순손실이 17억 달러였던 점을 감안하면 분명히 실적이 개선되고 있지만 아직까지는 불안할 수밖에 없다. 또한 여전히 자기자본이익률이나 총자산이익률 등 수익성 지표들이 부진한 만큼 이에 대한 우려가 여전하다. 이러한 위기를 잘 넘어갈 경우 테슬라와 같은 성장곡선을 그릴 것이라는 기대가 크지만 여전히 확률은 반반이다. 성공하느냐 실패하느냐 갈림길의 길목에 서있다.

테슬라에 비하면 아직까지 리비안의 갈 길이 많이 울퉁불퉁하고 험하긴 하지만 전기차 시장 전체를 위해서라도 제2, 제3의 테슬라가 등장하는 것이 마냥 테슬라에게 나쁜 것은 아닐 것이다. 테슬라는 최근 자사의 고속 충전소 슈퍼차저를 타 경쟁사에 공유했다. 리비안 역시 테슬라의 충전기 연결 방식을 채택하며 향후 테슬라의 충전 인프라를 사용하기로 했다. 즉 가장 많은 비용이 드는 인프라 구축 비용을 아끼는 대신 차량 개발 및 대량생산을 위한 선택과 집중을 통해 리비안의 양적·질적 성장의 두 마리 토끼를 잡을 수 있게 됐다.

자동차 덕후 스캐린지가 꿈을 현실화하는 과정은 여전히 현재진행형이다.

웨이모, 자율주행 소프트웨어가 하드웨어를 이길까?

테크 기업 vs. 자동차 기업

테슬라의 자율주행기술 분야 경쟁사는 어딜까. 토요타나 현대차, 벤츠나 BMW를 떠올리겠지만 그 중에 답은 없다. 세계 최고 인터넷 기업 구글이 그 주인공이다. 정확하게는 구글의 모회사인 알파벳의 계열사 웨이모다. 자동차를 한 대도 생산하지 않은 기업이 테슬라의 경쟁자라니 조금 의아할 수 있지만 현재 모든 산업 분야의 경쟁은 이처럼 경계를 파괴하고 넘나들고 있다. 말 그대로 자율주행 '기술'이라 굳이 자동차를 생산하지 않더라도 기술 경쟁력만으로도 세계 최고가 될 수 있는 것이다. 테슬라는 앞서 말한 대로 총 8개의 카메라를 이용해 차량 주변 시각 데이터를 수집하고 이를 AI 기술과 고성능 컴퓨터로 학습해 추론하는 자율주행기술을 채택했다. 반면 웨이모를 포함해 대다수 자동차기업들은 레이더와 라이다 등 각종 센서를 이용해 데이터를 종합한 고정밀 지도를 구현하고 시뮬레이션 학습을 통해 자율주행기술을 운용하고 있다. 이러한 고정밀 지도 기반 자율주행기술이 가장 앞선 곳이 다름 아닌 웨이모다.

구글은 전 세계 수십억 명의 사용자를 보유하고 있어 지역 곳곳의 검색 데이터, 로컬 데이터, 지도 데이터를 충분히 축적해왔다. 이러한 데이터 기반형 사업에 일찍 눈을 뜬 구글은 사내 벤처 형태로 구글 자율주행차 프로젝트(셀프 드라이빙 카 프로젝트)를 이끌어왔다. 10억 달러가 넘는 투자금을 쏟아부은 끝에 2016년 12월 독립한 웨이모는 미국 캘리포니아에 본사를 두고 인근 애리조나주 피닉스에서 자율주행 차량을 시범 운영하며 기술력을 지속적으로 발전시켜왔다. 웨이모 역시 수차례의 시범 운행과 베타 테스트를 통해 각종 변수를 경험하고 학습 중이다. 하지만 실제 수백만 대가 판매된 테슬라가 도로에서 운행하며 축적한 데이터와는 그 양에서 압도적으로 밀리고 있는 상태다. 자율주행기술 자체만으로는 레벨 3 수준이라 평가받는 웨이모지만 빠른 시일 안에 상용화가 가능할 것이란 기대와 달리 여전히 발전이 더디다는 평가도 나온다. 최근엔 샌프란시스코에 24시간 로보택시 영업을 허가 받기도 했지만 여전히 오류나 오작동 문제가 제기되면서 가야할 길이 멀다는 우려도 있다.

특히 아직까지 가격이 비싼 센서와 부족한 완성차 운행 경험 등으로 인해 중장기적으로 카메라에 기반한 테슬라 방식의 자율주행기술보다 우위에 서기 힘들 것이다. 이에 대한 대책 마련도 필요한 상황이다.

글로벌컨설팅업체 KMPG에 따르면 2020년 71억 달러 규모인 자율주행기술 시장은 2035년 1조 1,204억 달러 규모로 성장할 전망이다. 그만큼 시장을 선점하기 위한 업체들의 경쟁도 치열해질 수밖에 없다. 특히 구글뿐만 아니라 애플, 아마존 등 빅테크 기업들은 각자 자율주행기술에 대한 심도 있는 연구와 개발에 착수하며 새로운 미래 먹거리를 놓고 치열한 각축전을 예고하고 있다. 애플 역시 애플카를 출시하겠다는 청사진을 갖고 있는 만큼 자율주행기술 개발의 계획도 품고 있는 것으로 보인다.

또한 세계적인 반도체 기업 인텔 역시 이스라엘의 자율주행 자동차 개발 기업 모빌아이를 인수해 반도체와의 시너지를 내고자 하고 있으며 차량 공유 서비스 우버도 자체적으로 자율주행기술을 개발하다 미국 자율주행 자동차 개발사 오로라에 4억 달러를 투자하며 기술 경쟁력 확보에 나선 상태다.

현대차의 자율주행기술 확보 노력

완성차 업체들도 이처럼 다른 기업들이 산업 경계를 무너트리려는 시도를 지켜보고만 있을 수는 없는 상황이다. 현대차, GM 등 여러 완성차 제조사들도 과감한 인수합병을 통해 자율주행기술 확보에 총력전을 벌이고 있다. 현대차그룹은 2022년 8월 자율주행기술 스타트업 포티투닷을 인수하며 투자에 나섰다. 네이버랩스 대표 출신 송창현 CEO가 이끄는 이 회사는 고가의 라이다 센서를 제외하고 자율주행기술을 개발하는 특징을 갖고 있다. 이에 현대차 자체적으로 과감한 투자를 단행해 자율주행기술 경쟁력을 끌어올릴 계산이다. GM 역시 2016년 자율주행기술 개발사인 크루즈를 인수하고 2020년 1월에 레벨 5의 완전 자율주행기술을 탑재한 오리진을 공개하기도 했다. GM의 크루즈는 웨이모와 함께 샌프란시스코 로보택시 운영 승인을 받은 유이한 회사다. 크루즈는 이미 2022년 샌프란시스코 일대에서 무인 택시 차량 호출 서비스를 시작했고 로보택시 서비스를 확장해나가고 있다.

이처럼 자율주행기술의 발전은 전통적인 제조업 산업이며 수많은 기계 부품의 종합예술이라 불리는 자동차 산업의 높은 문턱을 낮추는 계기가 됐을 뿐 아니라 더 이상 자동차를 기계장치가 아닌 전장장치이자 혁신 공간으로 바라봐야 하는 패러다임의 전환으로 이끌고 있다. 과거에 카메라와 CD플레이어의 경쟁자가 스마트폰이 된 것처럼 자동차 산업에서도 어떤 일이 발생할지는 아무도 모르는 일이다. 한때 네이버와 더불어 국내 포털을 양분해온 다음이 카카오에 인수될 것이라 생각한 사람이 얼마나 있을까. 자동차 업계에서도 자율주행의 혁신이 불러올 변화의 크기는 누구도 예측하기 힘들다.

치열한 경쟁, K-배터리의 운명은?

최첨단 배터리가 아닌 구형 배터리를 선택한 테슬라

테슬라의 정체성은 배터리에 담겨있다. 자동차의 엔진을 대체한 배터리는 전기차의 핵심 부품으로 테슬라의 성장과 함께했다. 그리고 이러한 배터리 기술 발전의 중심에 위치한 한국 기업들이 치열한 전쟁을 펼치고 있다.

재미있게도 배터리의 어원은 '두드리다,' '때리다'라는 뜻을 가진 프랑스어 'battre'에서 기원했다. 포병부대를 뜻하는 'batterie'의 모습이 전기를 공급하기 위해 도열한 장비들의 모습과 닮아 이런 이름이 붙여졌다. 전투를 뜻하는 'battle' 역시 같은 어원을 가지고 있는데 배터리 시장을 놓고 펼쳐지고 있는 전쟁이 어원에서부터 예고된 셈이다.

배터리는 리튬, 니켈, 코발트 등 원자재를 제련해 핵심 소재인 양극재, 음극재, 분리막, 전해액 등을 만든 뒤 '셀'이라고 불리는 배터리의 기본 단위를 묶어 만든다. 이 셀들을 한데 모아 만든 배터리 조립체가 모듈이며, 모듈을 조합해 최종적으로 전기차에 들어가는 형태가 배터리 '팩'이다.

첨단 자율주행기술 및 첨단 생산 공정, 슈퍼 컴퓨터 기술을 자랑하는 테슬라이지만 회사의 핵심이 되는 배터리를 뜯어 보면 다소 의아할 수 있다.

우리가 일반적으로 리모콘 등에 사용하는 건전지 형태인 원통형 셀 수천 개를 연결해서 쓰고 있기 때문이다. 1980년대 처음 개발돼 노트북 등 일반 가전제품 등에 사용돼온 원통형 셀을 혁신 기업이라 불리는 테슬라가 쓰고 있다는 점이 어색하게 느껴질 수 있다.

첨단 기술의 향연인 전기차 시장의 핵심 부품인 배터리는 왜 여전히 수십 년 전 방식을 고수하고 있는 것일까? 현재 전기차에 쓰이는 배터리 셀의 형태는 원통형, 각형, 파우치형으로 분류된다. 현대차는 최신 기술인 파우치형 셀을 채택했고 벤츠와 폭스바겐은 각형 셀을 이용해 전기차 제작에 나섰다. 각형과 파우치 형은 불용공간을 최소화하고 원하는 형태로 쌓을 수 있다는 장점이 있는 반면 원통형은 원형 특성상 쌓을수록 불용不用공간이 발생하는 등 공간 활용도의 제약이 단점이다. 그럼에도 불구하고 테슬라가 원통형 셀을 선택한 이유는 간단하다. 어디서나 공급받을 수 있고 싸다는 것. 효율성을 핵심으로 하는 테슬라의 생산 공정에서 전기차의 핵심인 배터리 생산에서 문제가 발생하면 차를 만들지 못한다. 그만큼 배터리 생산과 공급에서는 절대로 차질이 발생하면 안 된다. 그뿐만 아니라 생산 원가 절감 측면에서도 배터리를 어떻게 공급받고 생산하느냐에 매출의 성패가 달려있다.

결국 생산 공정이 상대적으로 간단하고 수율이 높을 뿐만 아니라 생산 원가가 저렴한 배터리 셀을 택한 것은 가장 테슬라다운 선택일 수 있다. 이미 완성형 기술로 여러 공급업체가 경쟁하고 있는만큼 테슬라에게 선택지가 여러 개라는 것도 장점이다. 시장의 수요에 맞춰 공급량을 조절할 수 있을 뿐만 아니라 오히려 배터리 제조사의 횡포에서도 자유로울 수 있다.

현재 테슬라는 이러한 원통형 배터리 셀을 여러 2차 전지 제조사와 협력해 공급받고 있다. 물론 자체적으로도 생산하지만 현재 감당할 수 없는 만큼 수요가 많은 만큼 다양한 2차 전지 생산기업과 협력을 택할 수밖에 없다. 대표적으로 일본의 파나소닉, 중국의 CATL, 그리고 한국의 LG에너지솔루션이 있다. 테슬라는 유럽과 중국 공장에서는 CATL과 LG에너지솔루션, 미국에서는 파나소닉과 긴밀한 동맹을 맺고 있다.

특히 사실상 파나소닉의 독점 시장이었던 북미 배터리 시장에서 LG에너지솔루션이 보폭을 넓히고 있다. LG에너지솔루션은 2022년 3월 미국 애리조나주에 1조 7,000억 원을 들여 11GWh 규모의 원통형 배터리 공장을 설립하기로 발표했다. 사실상 테슬라와의 협력을 강화하기 위한 수순이다. 글로벌 거시경제 악화 우려로 잠시 주춤했던 해당 프로젝트는 올해 다시 테슬라의 요청 등으로 추진 동력을 얻으며 원통형 배터리 셀 생산 규모를 27GWh로 확대키로 했다. 고성능 순수 전기차를 35만 대 생산할 수 있는 규모다. 이와 더불어 에너지저장장치ESS용 리튬인산철LFP 배터리 공장 등을 함께 조성해 총생산능력 43GWh에 달하는 배터리 공장을 가동할 예정이다. 북미 독자 배터리 공장 중 최대 규모로 2025년부터 테슬라 전기차에 공급된다.

이 발표는 미국 전기차 시장 80%의 점유율을 갖고 있는 테슬라의 북미시장 파트너십을 확대한다는 측면에서 굉장히 고무적이다. 테슬라 주도하에 지속적인 성장이 점쳐지는 원통형 배터리 시장에서 신규 공장 건립이 LG에너지솔루션에게는 새로운 기회가 될 것이기 때문이다.

그뿐만 아니라 독일 3대 제조차 기업 중 하나인 BMW 역시 기존 추진해온 각형 셀 대신 원통형 셀을 전기차 배터리 표준으로 채택하고, 현대차 역시 원통형 셀 기술을 활용하기로 결정하는 등 원통형 셀 시장 수요가 점차 확대될 것이라는 점에서 배터리 업계에서의 눈치싸움도 치열해질 전망이다.

일본 따라잡은 한국, 한국 따라잡는 중국

사실 1990년대 배터리 셀 기술의 독보적 리더는 일본 기업이었다. 파나소닉과 소니로 대표되던 '메이드 인 재팬' 배터리는 전 세계 배터리 시장을 장악했다. 이러한 시장 경쟁력에 균열을 불러일으킨 기업이 다름 아닌 한국 기업이다. 2000년대 세계 1위 배터리 기업이던 소니는 2017년 결국 배터리사업부를 매각했다. 그 사이 삼성SDI와 LG화학(현 LG에너지솔루션)이 배터리 시장에 진출하며 노트북, 스마트폰 등 각종 전자기기의 배터리 공급업체의 강자로 떠올랐다. 이후 배터리 시장에서 일본 기업들의 어려움이 지속됐다. 반면 국내 기업들의 활약이 돋보였다. 2010년대 들어 삼성SDI가 2차 전지 시장 점유율 세계 1위에 오르는 등 K-배터리 시대를 활짝 열었다.

이런 가운데 2010년 후반 들어 본격적인 전기차 개발 시대가 열리며 SK에너지(현 SK온)까지 합류하며 전기차 배터리 시장 경쟁의 본격적인 서막이 열렸다.

특히 테슬라를 필두로 사실상 모든 자동차 제조사가 전기차 생산에 뛰어들며 만개하는 전기차 시장은 국내 배터리 기업들에게 위기이자 기회로 작용하고 있다. 전기차 배터리라는 무궁무진한 미래 먹거리 산업이 열린 점은 고무적이지만 막대한 원자재 및 생산 경쟁력을 확보한 중국의 공습 또한 본격화됐기 때문이다. 마치 1990년~2000년대 초반 일본이 한국에 쫓겼던 것처럼 현재 배터리 시장의 중국의 십자포화에 국내 기업들도 위기에 처해 있는 것이 현실이다.

SNE리서치에 따르면 2020년 LG에너지솔루션은 전 세계 전기차용 배터리 시장 점유율 22.8%로 1위인 CATL(23.1%)에 불과 0.3%p 차이로 뒤진 2위를 기록했다. 하지만 2023년 상반기 LG에너지솔루션의 시장 점유율은 14.5%로 전세계 3위를 차지했다. 1위인 CATL(36.8%)에 이어 급부상한 중국 기업 BYD의 15.7%보다 뒤처진 것이다. LG에너지솔루션, SK온, 삼성SDI 등 국내 3대 배터리기업의 전 세계 시장 점율율 합계도 23.9%로 2020년의 34.6%보다 10%p 이상 떨어졌다. 이는 대부분 중국 배터리 기업들이 대체했다.

물론 급성장한 중국 내수 시장 탓에 중국산 배터리 사용이 크게 늘어난 점을 감안해야 한다. 2023년 상반기 중국 시장을 제외한 전 세계 배터리 시장 점유율 1위는 LG에너지솔루션이 28.7%로 1위에 올라있다. SK온은 11.1%로 4위, 삼성SDI가 8.7%로 5위를 차지했다. 다만 1년 전 20.5%를 차지했던 CATL의 시장 점유율이 27.2%로 크게 늘어나며 LG에너지솔루션의 턱밑까지 추적하고 있는 만큼 국내 자동차용 배터리 기업의 위기감은 나날이 커질 수밖에 없는 상황이다. 현재 미국뿐만 아니라 유럽 자동차 제조사들도 중국의 기술력을 높이 평가하며 협력과 제휴를 늘려가고 있기 때문에 당분간 중국 자동차 배터리 기업들의 약진은 계속될 것이다.

다만 한가지 변수는 미국의 중국 기업에 대한 제재를 핵심으로 한 인플레이션 감축법IRA의 영향이 될 것이다. IRA법상 미국의 전기차 보조금을 받기 위해서는 미국이나 미국과 자유무역협정FTA을 체결한 국가에서 채굴·제련한 광물 비중이 2024년부터 40% 이상, 2027년부터 80% 이상인 배터리를 탑재해야 전기차 보조금을 받을 수 있다. 또 배터리에 정착되는 부품도 2024년부터 50% 이상이 북미 생산품이어야 한다.

결국 이러한 미·중 갈등은 국내 배터리 기업에 기회가 될 것으로 보인다. LG에너지솔루션에 이어 SK온이 현대차와 손잡고 2025년 하반기부터 전기차 30만 대에 사용할 수 있는 배터리셀 공장을 미국 조지아에 세우기로 했고 삼성SDI 역시 GM, 스텔란티스와 손잡고 미국 현지 공장 건립에 나선 상황이다.

테슬라 역시 배터리 기술 경쟁력 확보와 자체적으로 배터리 생산량을 늘리는 데 박차를 가하고 있다. 테슬라는 2020년 '배터리 데이' 콘퍼런스를 개최해 기존 2170(지름21mm, 높이 70mm) 규격 배터리 셀보다 진보한 4680(지름 46mm, 높이 80mm) 배터리 셀을 공개했다. 4680 배터리 셀은 2170 대비 에너지밀도를 5배, 출력은 6배 늘어난 것으로 주행거리 향상뿐만 아니라 충전 시간도 줄인 고성능 배터리 셀이다. 사이버트럭, 세미 등 대용량 배터리가 필요한 새로운 제품 등에 본격적으로 활용될 것으로 기대를 모으고 있다.

테슬라는 배터리 전문 생산공장인 기가팩토리 네바다에 4680 배터리 셀과 전기 트럭 세미를 생산한 공장 증설에 들어가며 이러한 배터리 혁신을 대량생산에 접목할 것으로 보인다. 테슬라 입장에서는 당연히 제조업체로부터 배터리를 공급받아 이를 제조 공장에

운송해 조립하는 것보다 한 곳에서 배터리 제조부터 자동차 생산까지 해낸다면 원가 절감이 이뤄지는 만큼 궁극적으로는 '올인원' 생산을 추구하겠지만 배터리 생산량이 턱없이 부족한 현실을 감안해 당분간은 배터리 공급업체와의 공존이 불가피할 전망이다. 과연 테슬라가 주도하고 있는 배터리 혁신 전장 한가운데서 싸우고 있는 K-배터리 기업들이 중국과의 배터리 전쟁에서 최후의 승자가 될 수 있을지는 좀 더 지켜봐야 할 것이다.

Chapter 2.

로봇 기술 그리고 AI

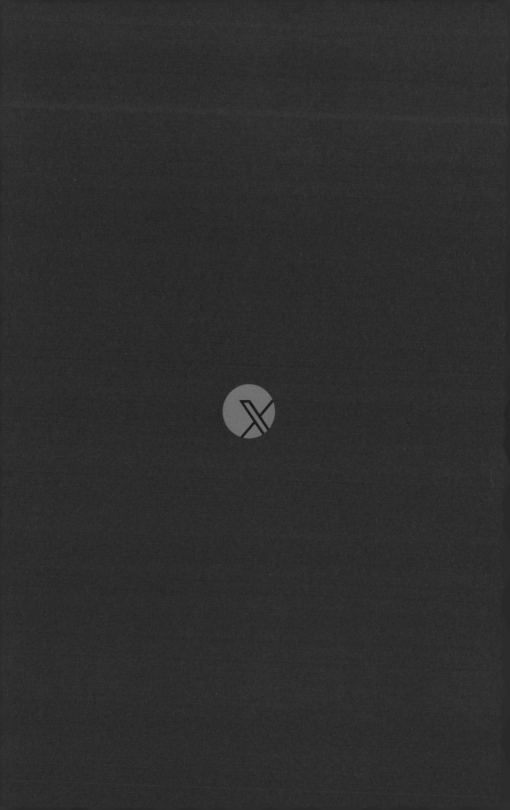

AI데이에서 선보인
테슬라봇

껍데기만 바꿔도 새로운 사업이 된다

2021년 8월 테슬라의 개발자 회의 'AI데이'에서는 모두를 경악하게 만드는 깜짝 발표가 있었다. 매번 많은 사람들을 놀라게 하는 머스크지만 이번에도 상상을 뛰어넘었다. 바로 인간형 로봇 '테슬라 옵티머스'를 공개한 것이다. '테슬라봇'이라고도 불리는 로봇의 첫인상은 우스꽝스러움 그 자체였다. 멋지게 소개된 PT 자료의 이미지와 달리 무대에는 실제 사람이 테슬라 옵티머스의 쫄쫄이 옷을 입고 이상한 춤을 추며 등장했다. 혁신 기술을 선보여야 할 AI데이가 광대옷을 입은 댄서의 무대가 된 것이다. 행사 직후 많은 사람들이 비난을 쏟아냈다. 전기차 경쟁력을 더욱 고도화시키기에도 부족한 마당에 쓸데없이 로봇 개발에 에너지를 쏟는다는 비판이 주를 이뤘다. 또 머스크 개인의 호기심과 흥미가 만든 엉뚱한 발명품이 아니냐는 지적과 더불어 실제

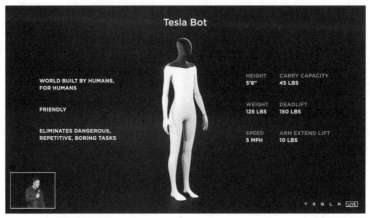

Tesla Bot

WORLD BUILT BY HUMANS,
FOR HUMANS

FRIENDLY

ELIMINATES DANGEROUS,
REPETITIVE, BORING TASKS

HEIGHT
5'8"

WEIGHT
125 LBS

SPEED
5 MPH

CARRY CAPACITY
45 LBS

DEADLIFT
150 LBS

ARM EXTEND LIFT
10 LBS

TESLA LIVE

테슬라봇 소개 장면

출처=테슬라 유튜브

무대에서 선보인 익살스러운 댄스만 온라인을 타고 전 세계로 알려지며 웃음거리가 됐다.

하지만 머스크는 진심이었다. 머스크는 휴머노이드 로봇인 테슬라봇에 테슬라의 자율주행기술 중 최고 성능을 자랑하는 완전자율주행FSD 칩을 두뇌로 탑재하고 테슬라에 장착되는 비전 AI 기술이 적용된 카메라가 두 눈 역할을 한다고 밝혔다. 또 당연히 이족보행을 하며 사람 평균 시속의 2배인 시속 8km로 걷게 될 것이라고 했다.

쉽게 말해 테슬라 자동차에 장착된 자율주행기술과 AI 기술을 휴머노이드 로봇으로 옮겼을 뿐이고 구현 방식과 기술은 큰 차

AI데이 포스터

이가 없다.

그로부터 1년 뒤, 2022년 AI데이의 메인 포스터에는 하트 모양을 한 로봇팔이 그려졌다. 머스크가 포스터에 강조할 만큼 테슬라봇의 손을 주목하면서, 사람의 손과 기능적으로 흡사한 수준으로 정밀한 조작과 동작이 가능한 손을 구현하겠다고 밝혔다. 휴머노이드 로봇의 핵심이 단순히 인간의 형태를 닮아 걷고 뛰고 오르내리는 동작을 수행할 수 있는 것이 아니라, 손을 사용하는 능력을 통해 사람을 동물과 구별하는 결정적 차이를 구현하겠다는 것이다.

기대와 우려 속에 '테슬라 옵티머스'는 이날 처음 공식석상에 데뷔했다. 직원 3명의 도움을 받으며 등장한 테슬라 옵티머스는 양손을 흔들며 관객들에게 인사했다. 자유자재로 이족보행을 해내거나 현장에서 각종 시연을 해보이진 못했지만 1년 전의 우스꽝스러운 모습보다는 훨씬 나아 보였다.

이날 공개된 시연 영상 속에서 테슬라봇은 이족보행을 하며 공간을 인지하며 이동했고 무겁거나 들기 쉽지 않은 짐을 양손을 이용해 정교하게 들었다. 또한 물통을 들어 꽃에 물을 주고 종이박스를 들어 옮기는 등 일상에서 사람들이 하는 행동과 유사한 모습을 구현했다. 아직 상용화까지는 갈 길이 멀었지만 휴머노이드 로봇과 접점이 없던 기업이 1년 만에 보여준 성과라는 점을 감안하면 굉장한 수준이었다.

특히 웬만한 기술력으로는 쉽게 접근할 수 없을 정도로 고도화된 첨단 기술의 응집체인 로보틱스 기술을 단기간에 발전시킬 수 있는 것은 테슬라라는 기업이 가진 특성 덕분이다. 테슬라는 무엇보다 테슬라봇이 회사가 보유한 기술을 그대로 활용할 수 있다는 점을 거듭 강조한다. 테슬라의 전기차에서 껍데기만 휴머노이드 로봇으로 갈아 끼우면 그게 바로 테슬라봇이다.

목표부터 세우고 실현은 나중에

로봇의 두뇌가 될 컴퓨팅 칩은 자율주행기술 오토파일럿을 구현하기 위해 개발한 칩을 그대로 활용했다. 가장 고도화된 기술인 완전자율주행FSD 기술은 기존 슈퍼컴퓨터 못지않게 뛰어난 연산능력과 정보처리능력을 구현한다. 자율주행 자동차가 종합적으로 판단을 내려 운행하는 것처럼 테슬라봇은 도로 위의 사람, 각종 표지판, 장애물 등을 확인하고 분석해 최적의 동선이나 경로를 만들어 움직인다. 사실상 핵심적인 작동 원리는 크게 다를 게 없다.

머스크는 테슬라의 뛰어난 FSD 기술을 어떻게 활용할지 고민이 많았다. 이를 하나의 서비스로 패키지화해 다른 자동차회사에 판매할 계획도 있었지만 고민 끝에 이 기술을 직접 변주해 휴머노이드 로봇으로 개발하는 발상의 전환을 꾀했다.

또한 로봇의 눈이 되어줄 카메라, 이를 학습하고 발전시키는 AI와 머신러닝 기술 역시 테슬라 전기차에 쓰이는 것과 비슷하다. 카메라 기반 자율주행기술을 개발한 테슬라에게 휴머노이드 로봇을 만드는 데 이보다 더 좋을 수 없다. 테슬라 전기차들이 실제 도로에서 운행하며 데이터를 축적하고, 학습하고 발전하듯이 테슬라 옵티머스도 시개발 과정에서 수많은 시뮬레이션과 학습과정을 통해 성능을 고도화시켰다. AI 기술에 기반해 발생할 수 있는 수많은 경우의 수를 조합해 이에 대처하고 종합적인 판단을 해내며 인간이 내릴 수 있는 가장 합리적 결정에 도달하는 식이다.

남은 과제는 상대적으로 단순한 자동차의 외형을 기계공학적으로 굉장히 복잡한 인간의 형태로 어떻게 구현하느냐다. 테슬라봇에 사람의 모습을 구현하는 데도 테슬라 자체의 기술력을 십분 활용했다. 특히 사람처럼 걷거나 뛰고, 팔과 무릎을 굽혀 물건을 집거나 앉았다가 일어나는 식의 행동을 자연스럽게 해내는 로봇을 테슬라가 과연 만들 수 있느냐에 대한 의구심이 컸다. 또한 이러한 기술을 얼마나 짧은 시간에 구현할 것인가도 관심사였다.

AI데이 행사 포스터에 손 모양을 강조한 것은 이런 의심에 대한 머스크의 화답인 셈이다. 머스크는 로봇의 손가락 마디마디를 사람처럼 굽혔다 펴는 것을 자유자재로 할 수 있도록 하겠다고 자신하고 있다. 이러한 인간의 관절과 움직임을 구현하는 것 역시 테슬라 자동차에 쓰이는 각종 센서와 모터 등 각종 부품들을 활용 중이다. 테슬라는 사람을 동물과 구별하는 핵심적인 신체부위인 손을 정교하게 작동할 수 있도록 기술을 고도화시켜 휴머노이드 로봇의 활용도를 극대화하겠다는 의지를 보여줬다.

다시 6개월이 지난 2023년 5월 테슬라 주주총회에서 공개된 테슬라봇은 한층 발전된 모습으로 힘 조절이 가능해 아주 무거운 짐도 들지만 달걀과 같은 미세한 힘 조절이 필요한 것도 자유자재로 조작할 수 있게 발전했다.

머스크는 테슬라봇이 단순히 전기차 회사의 부산물이나 보조 제품이 아닌 전기차와 더불어 테슬라의 주력 제품이 될 것이라고 확신하고 있다. 3~4년 안에 2만 달러가 안 되는 가격에 테슬라 옵티머스를 대량 판매하겠다는 구체적인 목표도 제시했다. 특히 인간의 일상생활을 완전히 뒤바꿀 혁신 경험을 선사해줄 것이라고 호언장담한다. 아직까지 시장에서는 기대보다 의심의 눈초리가 더 크지만 일론 머스크가 가진 아우라는 세간의 의심을 기대감으로 바꿀 만한 것 같다.

우선 테슬라 옵티머스는 공장과 가정 등을 가리지 않고 활용도가 높다는 점을 주목해야 한다. 무엇보다 테슬라는 어떤 자동차 제조사보다 공장 자동화와 생산 효율화에 목숨을 걸고 있다고 해도 과언이 아니다. 실제 테슬라봇은 테슬라의 생산 공장, 기가팩토리에서 가장 먼저 사용될 것이다. 사실 지금도 휴머노이드 형태가 아닐 뿐 수많은 로봇들이 테슬라의 자동차 생산에 적극적으로 활용되고 있다. 머스크 마음 같아서는 모든 공정을 자동화해버리고 싶을지도 모른다. 지금도 AI 기술과 로봇 기술을 접목시켜 생산 공정의 상당 부분을 자동화 및 기계화한 기가 팩토리지만, 향후 인간이 해야 할 더 위험하거나 복잡한 일들을 테슬라봇이 대체할 수 있다면 인건비 절감 및 마진율 확대를 위한 가장 효율적인 투자가 테슬라봇의 개발이기 때문이다. 이런 관점에서 상용화에 실패하더라도 회사 차원에서 휴머노이드를 개발하기 위한 충분한 요인이 있다.

사실 일론 머스크가 펼쳐나가는 수많은 사업과 아이디어들은 '머스크가 한다'는 사실 하나만으로도 엄청난 부가가치가 생긴다. 일종의 머스크 프리미엄이다. 이 후광효과가 휴머노이드 로봇까지 미친다면 또 어떤 결과가 나올지 벌써부터 매우 궁금하다. 전기차라는 혁신으로 세계인의 일상을 한 단계 진보시키고 있는 머스크가 또다시 휴머노이드 로봇으로 일상을 어떻게 바꾸어갈지 자꾸 상상력을 발휘하게 된다.

탈자동차 꿈꾸는 자동차 업계, 자동차 노리는 타 업계

로봇 기술에 회사의 미래가 달렸다는 테슬라, 의료용 로봇에 이어 달 탐사 로봇까지 만들겠다는 현대차. 이처럼 전 세계를 주도하고 있는 자동차 기업들은 자동차 산업의 울타리를 넘어서기 위해 애쓰고 있다. 반면 애플, 소니와 같은 전자제품의 대명사격인 기업들은 전기차를 만들겠다고 선언했고 구글은 자율주행기술에, 엔비디아와 삼성전자는 자동차용 반도체 시장에 진출하겠다고 선언하며 오히려 자동차 시장으로의 침투를 택했다. 최근 기술의 발전 트렌드는 '탈경계'로 요약할 수 있다. 로보틱스로 대표되는 로봇 기술 역시 AI, 머신러닝 기술과 더불어 데이터를 빠르고 정확히 처리하는 반도체, 각종 장비들과 소통하는 네트워크 기술 등 각종 최첨단 기술과의 융합이 필수불가결하다. 결국 이제는 산업의 경계가 무너지고 각자 잘하는 기술을 다른 산업과 결합해 시너지를 낼 수 있는 방향으로 발전할 수밖에 없다. 자신의 주요 산업에서 1등 또는 시장 지배적 지위를 차지하고 있는 기업들은 포화된 기존 시장을 벗어나 새롭게 개척하고, 다시 시장 점유율을 장악해나갈 수 있는 신규 산업을 찾아 나서고 있는 것이다.

로보틱스가 활용될 분야는 무궁무진하다. 현대차가 공장 근로자들을 보조하기 위해 개발된 각종 웨어러블 로보틱스 장비들은 이동약자들의 근력 보조용 기술로 쓰이며 의료용 로보틱스 시장으로의 확장성을 보여주고 있다. 허리와 다리에 착용해 사용하는 휴마Huma는 보행 근력을 비약적으로 늘려준다. 현대차 로보틱스랩은 착용 로봇 통합 브랜드 '엑스블X-ble'을 상표로 등록하고 의료 산업에서 기술력을 십분 발휘할 계획이다. 공교롭게도 여기에도 머스크가 사랑하는 X가 보인다.

최근 식당이나 길거리에서 종종 만나볼 수 있는 음식 서빙 및 배달 로봇들 역시 AI에 기반한 딥러닝 기술과 자율주행기술이 결합해 사용되기 시작했다. 그뿐만 아니라 달 탐사, 우주개발 등 지구 밖으로 나가는 데도 이러한 로보틱스 기술의 도움은 절대적으로 필요하다. 이런 분야의 가능성을 놓치지 않기 위해서라도 로보틱스 기술을 확보하는 것은 가장 중요한 사업 전략이 될 수밖에 없다.

AI 챗GPT의 아버지는
사실 머스크였다?

빈 차로 움직이는 메타버스

2023년은 인공지능AI의 해다. 연초부터 시작된 AI 열기가 좀
처럼 가시지 않고 계속해서 확산되는 분위기다. 불과 1년 전만
해도 메타버스가 대세였다. 페이스북은 2021년 10월 사명을 메
타로 바꾸며 승부수를 던졌다. 애플은 메타버스에 쓰일 혼합현
실MR 기기 비전프로 출시를 예고하며 이에 올라탔다. 하지만 메
타버스의 시대는 오지 못했다. 반짝이던 메타버스의 인기는 금
방 사그라들었다. 메타버스 구현을 위해 필수적인 웨어러블 가
상현실VR 기기의 보급이 더뎠다. 메타가 인수한 오큘러스의 VR
기기 퀘스트가 2021년 겨울 가장 인기 있는 크리스마스 선물로
손꼽히기도 했지만 잠깐이었다. 애플은 기술적 문제를 이유로
기기 출시를 미뤘다. 콘텐츠도 부족했다. VR 콘텐츠라 불리는
고화질의 3D 영상들이 늘어났지만 폭발적인 인기를 끌 만큼 매

력적이지 못했다. 메타버스 세상을 구현할 플랫폼 역시 부재했다.

지금까지 SNS의 발전 양상을 살펴보면 핵심 콘텐츠 양식을 공유할 수 있는 플랫폼 서비스가 항상 있었다. 글에 기반한 텍스트 콘텐츠는 SNS의 원조 격인 페이스북과 X(구 트위터)가 주도했다. 이어 각종 사진과 캡처 등 이미지 콘텐츠는 인스타그램이 장악했다. 플리커, 핀터레스트와 같은 사진에 더 특화된 유사 서비스도 힘을 보탰다. 요즘 대세, 영상 콘텐츠는 유튜브가 시장을 장악했다. 이전에도 국내외에 각종 영상 플랫폼이 있었지만 유튜브가 천하를 통일하며 동영상 시대를 활짝 열었다. 1차원에서 2차원, 2차원에서 3차원 세상으로 콘텐츠가 입체화되면서 주도 플랫폼은 계속해서 바뀌었다. 그리고 4차원 세상, 메타버스의 시대가 다가오고 있었다. 하지만 아직까지도 이러한 메타버스 세상을 담을 '킬러 플랫폼'은 부재한 상황이다. 사실 메타는 이러한 메타버스 시장의 하드웨어와 소프트웨어 양면을 모두 장악하기 위해서 사명 변경까지 하며 승부수를 띄웠던 것이다.

페이스북, 인스타그램, 왓츠앱을 보유한 메타는 SNS의 황제였지만 눈에 보이는 제품군에 대한 열등감이 항상 있었다. 그렇다고 스마트폰 시장을 뛰어들기에는 너무 늦었기에 그 대안으로 미래형 기기로 불리는 웨어러블 하드웨어 기기를 선점하고자 오큘러스를 인수했다. 하지만 막대한 투자에도 불구하고 메타버스 시장의 성장은 요원했고, 결국 미국 거시경제의 위기가 확산되면서 메타는 일보후퇴를 결정했다. 특히 미국과 유럽 등지에서 각종 독과점 규제와 싸우며 상황이 악화되자 메타가 주도했던 메타버스의 시대는 1년도 안 돼 막을 내렸다.

메타버스의 시대가 저물어가던 2022년 말, 테크 업계를 뒤흔들 서비스가 조용히 출시된다. 바로 2022년 11월 30일 출시된 챗GPT다. 인공지능 개발사 '오픈AI'가 만든 대화형 인공지능 서비스 챗GPT의 성공은 아무도 예상하지 못했다. 심지어 개발자들도 몰랐다. 수많은 질문에 대답해온 챗GPT조차 스스로의 성공을 예견하지 못했을 것이다.

오픈AI와 일론 머스크

대형언어모델LLM에 기반한 AI모델 'GPT'를 개발한 오픈AI는 2015년 10월 설립됐다. 아이러니하게도 AI에 대한 두려움 때문에 만들어진 회사가 바로 오픈AI다. 오랜 기간 많은 과학자들이나 기업가들은 AI 기술에 대한 경계감을 드러냈다. 대표적으로 스티븐 호킹은 AI가 결국 인류 멸망을 초래할 수 있다고 경고했다. AI가 가져올 미래의 변화가 긍정적인 면보다는 부정적인 면이 훨씬 클 것이라고 전망했다.

호킹은 생전에 "인류가 AI에 대처하는 법을 익히지 못한다면 AI 기술의 탄생은 인류 문명사에 최악의 사건이 될 것"이라고 예언했다. 그리고 오픈AI는 그의 말대로 AI가 인간을 지배하고 장악하는 일이 발생하지 않도록 AI 기술을 연구하는 비영리 연구소로 시작했다. 호킹의 생각에 공감하고 설립을 주도한 인물이 바로 오픈AI의 CEO 샘 올트먼Sam Altman이다. 그리고 또 한 명의 주도적 인물이 바로 일론 머스크다. 일론 머스크 역시 일찌감치 AI 기술 발전의 부작용에 대한 경각심을 가지고 있었다. 정말 빠지는 데가 없는 머스크다.

이 둘과 함께 리드 호프먼, 피터 틸 등 벤처투자자들이 힘을 합쳐 총 10억 달러의 투자금을 마련했다. 그리고 비영리기관 오픈AI를 설립했다.

안전하고 인류 친화적인 AI 기술을 정착시키기 위해 탄생한 오픈AI의 또 하나의 설립취지가 있다. 바로 초인터넷 기업 구글과의 대척점에 서는 것이다. 세계 최고의 인터넷 기업 구글은 수많은 검색 데이터와 정보를 바탕으로 AI 기술에 독보적 경쟁력을 갖춰왔다. 특히 상장기업인 구글은 당장 돈벌이가 안 되는 신기술 개발에 회의적인 투자자들의 심리를 너무 잘 알고 있어 이러한 AI 기술 개발의 세부적인 내용을 비공개로 진행했다. 사실상 폐쇄형 정책을 바탕으로 AI 기술을 고도화하는 구글의 모습은 다른 경쟁사들에게 어떤 기회조차 주지 않으려는 폭군처럼 보이기도 한다. 반면 오픈AI는 회사 이름에도 담겼듯이 AI 기술에 대한 정보와 기술을 공유하고 투명하고 공개적으로 발전시키겠다는 포부를 갖고 시장에 도전했다.

억만장자 투자자들이 돈을 댔지만 AI 기술 개발을 위한 고급 인력 확보에는 한계가 있었다. 단순히 투자만으로 회사를 키우고 이끌어가기엔 어려움이 있을 수밖에 없다. 더 나은 인재를 유치하기 위해서 더 높은 연봉과 더 좋은 근무 환경을 제안해야 했고 그렇지 못할 경우 회사가 원하는 고급 인재와 AI 기술력을 갖출 수 없었다. 결국 오픈AI는 2019년 자회사 '오픈AI LP'를 설립하며 영리법인화에 나섰다. 이 회사는 외부 투자자들의 수익률을 100배로 제한하는 조건을 걸었지만 마이크로소프트MS는 10억 달러를 투자하며 오픈AI와 손을 잡았다. 그 협력관계는 지금까지 이어지며 MS는 자사의 검색 엔진, 오피스 앱 등에 적극적으로 챗GPT를 활용하고 있다.

하지만 이러한 오픈AI의 변신은 일론 머스크가 손을 떼게 되는 결정적 사건이 됐다. 누구보다 AI의 위험성에 대해 걱정하던 머스크는 영리를 추구하는 오픈AI의 모습에 강한 불만을 품었다. 영리를 추구하고 MS와 같은 대기업과 손을 잡는 것은 AI를 결국 돈벌이 수단으로 활용하는 일반적인 기업과 다를 바 없다는 것이다. 결국 영리법인화 과정에서 일론 머스크는 2018년 회사를 완전히 떠나버린다. 샘 올트먼과 일론 머스크의 동행은 4년 만에 막을 내렸다.

머스크는 이후 지속적으로 오픈AI의 사업 방향성에 대해 지적해왔다. 사실상 MS에 독점 라이선스를 부여한 오픈AI에 대해 2020년 9월, 트위터를 통해 공개 비난하기도 했다. 머스크는 "오픈AI는 본질적으로 MS의 차지가 됐다"며 "공개open라는 말과 완전히 반대에 와 있다"고 목소리를 높였다. 그리고 다시금 챗GPT의 인기로 머스크와 올트먼의 갈등은 새로운 국면을 맞이하는 분위기다.

첨단 기술의 명암

챗GPT는 사실 완전히 새로운 기술도 아니다. 2020년 6월 내놓았던 GPT-3를 미세 조정한 GPT-3.5 모델을 이용했다. 사실 크게 달라진 게 없었다. 하지만 시장의 반응은 폭발적이었다. 출시 2개월 만에 1억 명이 넘는 사용자를 확보했고, 2023년 7월 기준 월간 이용자 수가 무려 15억 명에 이른다.

챗GPT는 분야를 가리지 않고 각종 질문에 대해 인간처럼 대답한다. 채팅을 하듯 질문을 하면 그에 대해 가지고 있는 정보를 활용하고 조합해 대답한다. 특히 그 수준이 높아 AI인지 알아채기 어려울 뿐만 아니라 전문가보다 뛰어난 수준을 뽐내고 있다. 활용 분야는 더 무궁무진하다. 공부를 위한 지식제공은 기본이며 컴퓨터 코딩부터 시작해 복잡한 계산 및 수학문제 풀기, 각종 연설문, 소설 등의 작문, 여행 일정 짜기 및 고민상담까지 이제 못하는 걸 찾는 게 빠를 만큼 다양한 분야에서 그 역량을 선보이고 있다. 출시 4개월 만인 2023년 3월 가장 최신 세대인 챗GPT-4 버전이 출시됐으며 이는 유료 서비스로 제공돼 차별화된 AI 성능을 보여준다.

물론 문제도 많다. 대표적으로 많은 학생들이 숙제를 챗GPT를 통해 해버리거나 시험에도 활용해 부정행위를 한다는 것이다. 한국에서도 유사한 사건이 있었는데 챗GPT를 활용해 과제를 대필한 것이 한 대학에서 적발돼 전원 0점 처리 당한 사례가 나왔다. AI 기술이 발전할수록 당연히 그에 비례해 이를 악용하는 사례는 계속해서 늘어날 것이다. 또한 흡사 사람같이 작동하는 만큼 보이스 피싱이나 스캠SCAM 등 각종 사기성 범죄에 이용될 것이라는 우려 역시 커지고 있다. 범죄에 악용될 경우에 막을 방법이 쉽지 않은 실정이다. 또한 현재 가장 큰 문제 중 하나인 페이크 AI 기술의 범람도 우려된다. 2023년 3월 SNS를 타고 트럼프 전 미국 대통령이 경찰들에 체포돼 끌려가는 이미지가 크게 화제를 모은 바 있다. 이 사진은 AI 기술을 활용한 것이지만 실제 상황이라고 해도 믿을 수밖에 없는 생동감을 줬다. AI 기술의 발전으로 텍스트뿐만 아니라 이미지, 동영상까지 학습을 통한 생성이 가능해지는 만큼 향후 페이크 정보에 대한 필터링 역시 중요한 AI 기술이 될 것으로 전망된다.

챗GPT가 쏘아올린 작은 공, 산업 생태계를 뒤흔들다

챗GPT의 흥행 성공은 다른 빅테크 기업들을 모조리 소환했다. 사람들의 AI 기술에 대한 갈증과 반응은 예상보다 훨씬 폭발적이었고 많은 기업들이 너나 할 것 없이 AI 기술 붐에 편승하는 길을 택했다. 가장 먼저 MS는 챗GPT를 기존 사업을 성장시키기 위한 촉매제로 활용했다. 검색 엔진 시장에서 구글의 압도적 경쟁력에 항상 밀려왔던 MS는 이를 뒤집을 비밀병기로 AI 기술을 택했다. 챗GPT의 기술을 고스란히 자사의 검색 엔진 BING에 접목시켰다. 2023년 2월 MS는 기존 검색 엔진의 이름을 'NEW BING'으로 바꿨다. 기존 검색기능에 챗GPT를 보탠

채팅기능을 추가했다. 시장은 뜨겁게 반응했다. 출시 1개월 만에 일일 사용자가 1억 명을 돌파하며 드디어 '타도 구글'의 희망을 엿봤다. 기존의 관성대로는 절대 구글을 이길 수 없다고 판단한 MS의 신의 한 수가 바로 챗GPT였다. 다만 초기의 큰 인기와 달리 다시 빙의 이용자 수는 점차 이전으로 회귀하고 있다.

MS는 이에 포기하지 않고 더 나은 AI 기술을 접목시키기 위해 애쓰고 있다. MS는 검색 엔진뿐만 아니라 자사의 서비스 전면에 AI 기술을 배치했다. 클라우드 서비스, 업무용 오피스 툴, 윈도우와 같은 운영체제까지 AI 기술을 활용한다고 밝혔다. MS의 업무용 협업툴인 팀즈는 프리미엄 서비스를 출시하며 AI 기술을 활용해 각종 회의 메모와 권장 작업을 즉시 생성하고 기본 자료만 있으면 이를 이미지화하거나 PPT를 자동으로 만들어주는 등 AI 기술이 알아서 업무의 효율성을 높여주는 방식을 택했다.

오픈AI의 경쟁자였던 구글 역시 발 빠른 대응에 나서며 자체적으로 개발한 대화형 인공지능 바드Bard를 2023년 2월에 선보였다. 챗GPT의 인기에 MS가 협력하며 주목받자 곧바로 대응한 셈인데 문제는 시연 행사에서 일어났다. 구글은 프랑스 파리에서 바드를 처음 소개하며 제임스 웹 우주 망원경이 이룬 성과가 무엇이냐고 질문했다. 이에 바드가 태양계 최초로 외부 행성을 촬영했다는 오답을 내놓으며 시연은 한순간에 웃음거리로 전락했다. 이날 이 실수로 구글 주가는 하루 새 7.6% 폭락하며 타격을 입었다. 조급함이 초래한 망신이었다.

구글은 이후 내부 테스트 등 여러 차례의 검증을 거쳐 2023년 5월, 공식적인 버전을 출시했다. 프랑스에서의 굴욕을 재현하지 않기 위해 확인에 확인을 거듭했다. 데이터의 제왕답게 구글은 영어뿐만 아니라 일본어, 한국어 등을 추가해 서비스를 제공하고 있다. 전 세계 90% 이상 점유율을 보유한 검색 엔진에 기반해 최신 정보와 빠른 속도를 특징으로 한 구글의 채팅형 AI 기술 역시 보유한 협업툴과 각종 서비스에 확장 적용이 이뤄지고 있다.

그간 메타버스로 마음 고생이 심했던 메타 역시 AI의 대세에 편승했다. 메타는 2023년 2월, 매개변수 70~650억 개를 바탕으로 구동하는 오픈소스 언어모델 라마LLaMA를 공개했다. 특히 메타는 자사의 AI 기술을 오픈소스로 공개하며 완전히 독보적인 행보를 구축해나갈 예정이다. 이미 후발주자로 시작했으니 같은 경쟁방식으로는 따라잡을 수 없는 만큼 오픈소스에 기반해 더 많은 사람들의 피드백을 받으며 발전시켜나갈 계획이다.

2023년 7월 후속 기술인 라마 2를 발표한 메타는 기업용, 상업용으로도 활용 가능한 기술 경쟁력을 갖춰나가고 있다. 특히 페이스북과 인스타그램, 왓츠앱 등 수십억 명의 사용자를 보유한 글로벌 SNS 기업답게 향후 자사의 SNS 서비스에 쓰일 다양한 AI 기술에 대한 연구 개발을 진행하고 있다. 메타는 2024년까지 이러한 AI 기술 업그레이드를 통해 한발 더 진보한 기술 경쟁력을 선보일 방침이다.

전 세계 1위 클라우드 업체인 아마존 역시 고심 끝에 AI 기술에 대한 방향성을 공개했다. 아마존은 2023년 4월 다소 뒤늦었지만 AI 기술 기반 기업용 클라우드 서비스 베드록Bedrock을 선보인다. 이는 B2C가 아닌 B2B 서비스로 기업들이 AI를 활용한 서비스를 만드는 일을 돕는 것을 핵심으로 한다. 또 아마존은 AI 기술로 제품 리뷰를 읽어주고 추천해주는 채팅형 기술을 개발해 사용자들이 아마존에서 물건을 찾아보고 구입할 수 있는 락인Lock in 효과를 유도한다는 방침이다.

지금은 AI 기술을 잘하는 기업이 성공하는 게 아니라 안 하는 기업이 뒤처지는 분위기다. 모든 기업들이 각자의 개성과 니즈에 맞는 AI 기술 개발 경쟁에 돌입하고 있다.

x.AI로 출격하는 머스크

미국의 비영리단체 '미래의 삶 연구소FLI'는 2023년 3월 AI 개발속도를 늦춰야 한다는 서한을 발표했다. 챗GPT가 촉발한 빅테크 기업들의 AI 경쟁이 AI의 브레이크 없는 성장을 불러올 것이고, 이는 인류의 삶에 부정적인 영향을 크게 끼칠 것이라고 지적했다. 책임감 있고 윤리적인 기술 개발을 지향하는 이 단체의 서한에는 유수의 석학들이 서명하며 힘을 실어줬다. 애플의 공동 창업자 스티브 워즈니악과《사피엔스》로 유명한 유발 하라리 예루살렘 히브리대학교 교수, 컴퓨터과학 업계의 노벨상이라 불리는 튜링상 수상자 요슈아 벤지오Yoshua Bengio 캐나다 몬트리올대학교 교수가 대표적이다. 그리고 한 명의 기업가도 이름을 올렸다. 일론 머스크다. 머스크는 최소한 6개월간 AI에 들어간 알고리즘 훈련을 중단하고 필요한 규제와 가이드라인에 대한 고민이 필요하다고 강조했다. 일리가 있어 보이는 그의 주장은 한 달도 안 돼 뒤집혔다.

2023년 4월, 일론 머스크가 AI 기업을 창업했다는 기사가 나왔다. 회사가 이를 공시하면서 외부로 알려진 것이다. 머스크 역시 X를 통해 이러한 사실을 시인했다. 설립 시기는 2023년 3월 9일, 미국 네바다주에 본사를 둔 회사명은 엑스에이아이x.AI다. 트위터의 새로운 이름 X에다 AI를 붙였다. 오픈AI에 대응하기 위해 구글 딥마인드 출신 AI 과학자 등 11명이 이름을 올렸다. 회사는 트루스지피티TruthGPT라고 불리는 언어기반 생성형 AI 기술을 개발하기 위해 만들어졌다. 철저히 챗GPT를 의식하며 진일보한 차별화된 기술력을 뽐내겠다는 목표였다. 또한 이를 위해 그가 인수한 트위터의 메타 데이터를 충분히 활용한다는 계획이다. 반면에, 타사가 이를 이용할 수 없도록 제한을 걸었다. 머스크는 수억 명이 사용하는 트위터의 사용자 정보를 활용해 대량의 언어 데이터를 확보할 방침이다. 머스크는 테슬라의 자율주행기술에 쓰인 자동차 AI 기술을 필두로 X의 쏟아지는 사용자 데이터를 종합해 x.AI의 생성형 AI 기술 고도화에 활용할 생각이다. 여기서 만들어진 기술은 또다시 X와 테슬라에 사용되면서 서로 밀고 당기는 시너지 효과를 기대하고 있다. 지금까지 파편화돼 개발되던 각각의 기술이 산업의 경계를 뛰어넘는 AI라는 중간다리를 통해 점차 거대한 기술 생태계로 통합될 것이다. 그야말로 머스크가 꿈꾸는 슈퍼앱 플랫폼의 본격화라 할 수 있다.

과연 AI를 두려워하는 머스크가 선보일 AI 기술은 어떤 모습일지 궁금하다.

현대차는 로봇 산업의 최대 라이벌

로봇 선도기업, 보스턴 다이나믹스

전기차와 자율주행기술 경쟁력에서 한참 앞서 있는 테슬라가 로봇 기술 분야의 후발주자 입장에서 목표로 삼은 자동차 회사가 있다. 바로 국내 대표 자동차 제조사 현대자동차다. "현대차가 휴머노이드 로봇 기술을 갖고 있다고?" 하며 반문하는 사람도 있겠지만, 진짜로 있다. 바로 현대차가 인수한 로봇기업 '보스턴 다이나믹스'다.

현대차는 2020년 12월, 미국에 본사를 둔 로봇 제조사 보스턴 다이나믹스를 소프트뱅크로부터 9억 2,100만 달러에 인수했다. 한국 돈으로 1조 원이 넘는 금액이다. 현대차가 30%, 현대모비스가 20%, 현대글로비스가 10%, 그리고 정의선 현대차그룹 회장이 20% 지분을 직접 사들이며 총 80% 지분을 확보했다.

MIT 교수를 지낸 마크 레이버트Marc Raibert 박사가 1992년 창업한 보스턴 다이나믹스는 로봇 기술 외길 30년을 달려오며 가장 발전된 형태의 휴머노이드 로봇 기술을 갖고 있다. 그 대표 모델이 '아틀라스'다. 다만 창업 이후 구글, 소프트뱅크, 현대차 등 집주인이 계속 바뀌며 기술 상용화 및 수익 구조를 만드는 데 어려움이 있지 않냐는 지적이 지속적으로 나오는 기업이기도 하다.

그러한 보스턴 다이나믹스를 현대차가 인수한 이듬해, 테슬라는 급작스럽게 테슬라봇을 공개했다. 그것도 로봇의 탈을 쓴 사람이 춤을 추면서 말이다. 그렇다 보니 시장에서는 경쟁 중독자 머스크가 현대차의 보스턴 다이나믹스 인수에 자극받아 즉흥적으로 테슬라봇을 AI데이에서 선보이기로 결정한 것이 아니냐는 루머도 나왔다. 너무나 터무니없이, 준비도 안 된 상태로 계획을 발표한 일론 머스크가 자초한 구설수였다.

보스턴 다이나믹스의 인수는 현대차의 약점 중 하나였던 휴머노이드 로봇 기술을 보완했다는 데 의미가 있다. 현대차는 2018년 초 이미 로봇, 인공지능 기술 분야를 5대 미래 혁신 성장 분야로 선정하고 본격적인 투자에 나섰다. 로보틱스 전담팀을 신설해 산업용 웨어러블 로봇 개발에 일찌감치 투자했다. 2018년 현대차는 북미 공장에 의자형 착용로봇, H-CEX를 필두로 윗보기 작업용 착용로봇 H-VEX 등 자동차 조립에 직원을 보조하고 수월하게 일할 수 있는 웨어러블 로봇을 선보인 바 있다. 자사의 자동차 생산 공장에서부터 활용할 수 있는 로봇 기술을 개발하는 일은 테슬라 옵티머스가 기가팩토리에서 활용될 것이라는 점에서 닮아 있다. 사실 당시만 해도 AI, 머신러닝, 반도체 기술 등 제반 기술 전반의 제약이 많았다. 그렇다 보니 머릿속에 들어있던 기술들이 현실세계에서 구현되기에는 부족한 점이 많았다.

현대자동차는 2021년 9월 보스턴 다이나믹스와의 첫 협력 프로젝트로 공장 안전 서비스 로봇을 처음 선보였다. 개로봇으로 유명한 스팟Spot에 AI칩을 탑재한 것으로 공장을 돌아다니며 문은 잘 닫혔는지, 외부 침입은 없는지, 화재가 난 곳은 없는지를 확인하는 데 이용했다. 앞으로 현대차와 보스턴 다이나믹스의 결합이 어떤 시너지를 낼지 지켜볼 만하다.

마찬가지로 테슬라 옵티머스의 탑재된 AI칩은 이제 막 학습을 시작한 신생아에 불과하다. 하드웨어 기술 역시 지금까지 이룬 것보다 달성할 것들이 더 많을 수밖에 없는 만큼 오히려 앞으로 발전 가능성이 무궁무진하다는 데 희망을 걸어야 할 일이다.

현대차 미래의 중심축, 로봇

현대차는 테슬라봇이 처음 공개된 지 불과 몇 달 후인 2022년 1월 초 미국 라스베이거스에서 열린 소비자가전쇼 CES 2022 행사에서 로보틱스 기술과 메타버스를 결합한 '메타모빌리티' 세상을 그릴 미래 로보틱스 비전을 공개했다. 취재차 뉴욕에서 비행기로 3시간 거리의 현장까지 직접 가보니 가장 눈에 띄는 부스는 현대차였다. 세계 3대 가전제품 박람회로 알려진 CES의 주요 부스 중 한 곳을 자동차 기업인 현대차가 차지한 것만으로도 인상적이었다. 현대차의 발표 주제는 '이동 경험의 영역을 확장하자'로 자동차 제조업체가 자동차를 바라보는 현재의 관점을 명확히 보여주는 모습이었다. 특히 이를 구현하기 위한 한 축을 지능형 로봇이 맡게 될 것임을 강조하며 현대차가 왜 보스턴 다이나믹스를 인수했는지에 대한 구체적 청사진을 그리고 있었다.

보스턴 다이나믹스를 인수한 지 1년이 더 지난 시점까지 구체적인 활용 방안에 대한 이야기를 아껴온 현대차는 마치 테슬라에 보란 듯이 로봇 기술이 회사의 중요한 구심점이 될 것임을 한껏 강조했다. 또한 이날 행사의 하이라이트였던 보스턴 다이나믹스의 로봇개 스팟의 공연에서는 자연스럽고 부드러운 움직임을 뽐내며 기술력을 한껏 드러냈다.

물론 개발을 시작한 지 2년밖에 안 된 테슬라 옵티머스와 30년 역사의 보스턴 다이나믹스의 하드웨어 경쟁력 격차는 무척 크다. 특히 유압 구동방식으로 순간적인 힘과 속도를 낼 수 있는 아틀라스는 점프와 착지, 가속 달리기나 급제동 등이 자유자재로 이뤄진다. 그간 수많은 실패와 성공, 각종 시뮬레이션과 실험을 통해 쌓인 기술 노하우가 고스란히 녹아 있다. 이러한 기술력은 이제 오롯이 현대자동차의 것이다.

네이버의 인공지능 클로바X

치열한 시장, 생성형 AI

2023년 IT 업계를 관통한 단 하나의 키워드를 꼽으라면 단연 인공지능AI이다. 특히 오픈AI가 몰고온 '생성형 AI' 기술에 마치 빛을 발견한 불나방처럼 모든 기업이 달려들고 있다. 오픈AI와 손을 맞잡은 마이크로소프트, 이에 정면대응에 나선 구글, 오픈소스에 기반해 차별화를 꾀하는 메타, 이와 반대로 폐쇄형 생태계 전략을 택한 애플, B2C 대신 B2B 생태계 조성을 택한 아마존 등 글로벌 IT 기업 중 이러한 생성형 AI 기술에 뛰어들지 않은 기업을 찾기가 더 힘들다. 물론 일론 머스크 역시 x.AI라는 회사를 세우며 직접 도전에 나섰다. 글로벌 AI 경쟁의 서막이 오른 가운데 새롭게 조성되는 AI 플랫폼의 주도권을 누가 쥐느냐에 따라 각 회사의 명운이 엇갈릴 것이라는 전망도 나온다. 이런 분위기는 미국 빅테크 기업에 한정되지 않는다.

중국을 대표하는 빅테크 기업 텐센트와 바이두, 알리바바 등 3대 IT 기업들은 일제히 AI 기술 개발에 뛰어들었고 최근 미국 반도체 칩 사용 여부로 미·중 갈등의 핵이 된 화웨이 역시 AI 기술에 과감한 투자를 확대하며 발 빠르게 대응하고 있다. 텐센트는 2023년 9월 본사가 있는 중국 선전에서 연례 컨퍼런스를 열고 자체 개발한 초거대 인공지능 모델 '훈위안'을 공개했다. 텐센트는 1,000억 개 넘는 매개변수를 활용해 챗GPT를 뛰어넘는다고 주장하고 있다. 바이두는 대화형 AI '어니봇'을 출시한 데 이어 의료 분야에서 쓰일 수 있는 의료 AI 모델 '링이'를 발표하며 차별화를 꾀하고 있다. 어니봇은 출시 하루 만에 240만 다운로드를 기록하며 시장의 뜨거운 관심을 받고 있다.

그 외에도 센스타임, 바이트댄스, 메이퇀 등 잘나가는 중국 IT 기업들이 너나 할 것 없이 자사만의 AI 기술을 뽐내고 있는 형국이다. 중국 당국의 강력한 규제 드라이브로 사실상 외국 기업들의 진입 경로가 완전히 차단된 가운데 중국은 자체적으로 AI 생태계를 조성해 그 규모를 키우고자 애쓰고 있다.

네이버와 카카오의 미래 전략

IT강국 대한민국 역시 이러한 AI 기술 붐이 크게 일고 있다. 2023년 6월 국내 주요 인공지능 관련 기업들이 한데 모인 '초거대 AI 추진협의회'가 출범했다. 통신 3사와 대기업 계열 IT기업, 네이버, 카카오 등 인터넷 기업이 대다수 참여한 가운데 누가 국내 AI 기술의 주도권을 가져갈지도 초미의 관심사다. 특히 포털, 검색, 결제, 커뮤니케이션, 콘텐츠 사업 등 핵심 미래 사업에서 맞붙고 있는 네이버와 카카오의 경쟁에 눈길이 간다. 강력한 포털 경쟁력으로 압도적인 1위 인터넷 사업자였던 네이버가 카카오톡을 앞세운 카카오에 커뮤니케이션 앱 주도권을 빼앗기며 현재 두 기업은 각종 산업에서 각축전을 벌이고 있다. 그 중 AI 기술 역시 어느 한쪽도 양보할 수 없는 핵심 사업이다.

일단 네이버의 보폭이 훨씬 넓어 보인다. 네이버는 최근 초대규모 언어모델 '하이퍼클로바X'를 기반으로 대화형 인공지능 서비스 '클로바X'를 선보인 데 이어 검색 엔진형 모델 '큐'까지 출시했다. 클로바X가 챗GPT라면 큐는 마이크로소프트의 검색 엔진 빙BING에서 쓸 수 있는 빙챗과 비슷하다.

네이버는 오픈AI의 초거대 언어모델 GPT-3 대비 6,500배가량 많은 한국어 데이터를 학습했다는 점을 특장점으로 내세우고 있다. 다만 여전히 핵심 AI 기술이나 데이터 처리 기술 등에서는 부족한 점을 드러내며 다소 우려 섞인 평가를 받고 있다. 아무리 한국향 기술로서 경쟁력이 있다고 하더라도 사실상 기술에 있어 국가와 언어 장벽이 사라진 지금은 언어 경쟁력보다 기술 경쟁력을 확보해야 한다는 목소리가 크다. 네이버는 자사가 보유한 지역 정보, 사용자 데이터, 결제 및 쇼핑 데이터 등을 함께 아울러 사용할 수 있도록 해 연계성을 강화할 방침이다. 이는 결국 일론 머스크가 꿈꾸는 슈퍼 앱 X와 가까워지는 모습으로 AI 기술이 쓰이게 된다는 것을 의미한다. 모든 기업들이 결국 AI 기술을 활용해 모든 서비스를 한데 합치고 흡수하기 위한 한판 승부에 돌입하는 것이다.

네이버가 한발 앞서 치고 나가는 가운데 카카오는 서두르지 않고 자신만의 AI 경쟁력을 쌓아가는 모습이다. 카카오는 2023년 10월 이후 초거대 인공지능 기술을 공개할 예정으로 AI 기술을 활용한 킬러 콘텐츠를 만드는 데 집중하고 있다. 자사의 AI 연구개발 자회사 '카카오 브레인'은 김범수 카카오 창업주가 직접 설립해 대표이사로 회사를 1년반 동안 이끌 정도로 애정을 쏟아왔다. 카카오 브레인은 자사의 초거대 AI 언어모델LLM인 코GPT 2.0을 2023년에 출시하고 코챗GPT도 선보일 방침이다. 국내 1위 커뮤니케이션 서비스 카카오톡을 보유하고 있는 만큼 카카오톡을 중심으로 AI 기술 활용을 극대화할 방안을 모색하고 있다.

SK, KT, LG 통신사와 게임 업체들의 대책

플랫폼 기업과 더불어 미래 먹거리 발굴에 분주한 이동통신 3사의 AI 도전도 활발하게 이뤄지고 있다. SK텔레콤, KT, LG유플러스 3사는 각자 보유한 고성능 이동통신 기술 경쟁력을 바탕으로 각종 서비스 출시와 타 산업과의 연계에 나서며 소비자의 효용을 증대시킬 미래 먹거리 발굴에 나서고 있다.

SK텔레콤은 자체 개발한 LLM '에이닷'을 챗GPT와 제휴해 이용한 챗봇을 운영하며 아예 회사를 'AI 컴퍼니'로 전환하려 한다. 도심항공교통UAM 산업에도 크게 관심을 두고 있는 SK텔레콤은 미국의 UAM 제조사 에비에이션과 협업해 국내 최초의 UAM 상용화에 나서며 이 산업에도 AI 기술을 적극 적용할 방침이다. 또 AI 기술에 기반한 동물 진단 서비스 '엑스칼리버', AI반도체 '사피온' 등 관련 기술 개발에 가장 적극적인 이동통신사다. SK하이닉스와 같은 글로벌 반도체 계열사가 있는 만큼 향후 더욱 치열해질 AI 기술과 AI 반도체 시장에서의 경쟁력을 확보할 생각이다. KT는 2023년 하반기 초거대 AI '믿음'을 B2B 서비스에 적용할 방침이다. 아마존이 B2C 대신 B2B AI 플랫폼으로 기업, 소상공인들이 활용할 수 있는 AI 서비스를 제공하겠다는 목표를 세운 것처럼 KT 역시 이러한 B2B 서비스를 먼저 선보일 방침이다. LG유플러스는 LG그룹 차원에서 개발한 생성형 AI '엑사원'을 중심으로 협업에 나선다.

국내 게임사들의 AI 기술 진출도 분주해지고 있다. 엔씨소프트는 국내 게임사 최초로 자체 개발한 AI 언어모델 'VARCO LLM'을 전면에 내세우고 있다. 엔씨소프트는 자율주행 로봇 전문기업 트위니와 기술제휴를 위한 업무협약을 맺고 로봇 기술과의 협업에 나선다. 사람이 자연어로 명령을 내리면 로봇이 그 명령을 수행할 수 있도록 자동 번역해주는 것이 AI 기술의 핵심이다. 엔씨소프트는 국내 게임사 중 처음으로 2011년부터 AI 조직을 운영하고 있다. 현재는 300여 명 규모의 전문 인력이 AI, 자연어처리NLP 등 기술 고도화에 애쓰고 있다. 2023년 8월 자체 개발한 언어모델 'VARCO LLM'과 생성형 AI 서비스 플랫폼 'VARCO Studio'를 공개했다.

국내 기업들이 한국어에 특화된 특별한 AI 기술을 선보이기 위해서는 단순히 한국어 데이터와 정보를 축적하는 데 그쳐서는 안 된다. 글로벌 AI 기업들이 갖춘 핵심 질문에 정확히 대답하고 정보를 신속하게 처리할 수 있는 인공지능 본연의 기술력을 얼마나 빠르게 확보하느냐가 무엇보다 중요하다.

Chapter 3.

SNS의 힘

말 한마디의
파괴적 영향력

트위터 팔로워 세계 1위는 누구?

29억 가입자를 보유한 페이스북의 팔로워 수 1위는 1억 6,000
만 명의 세계적 축구선수 크리스티아누 호날두다. 그는 인스타
그램 팔로워 수도 무려 6억 명으로 단연 1위다. 그렇다면 트위
터의 왕좌도 그의 차지일까? 미국향 SNS라 불리는 트위터(현재
는 X)는 글로벌 축구 스타의 독주에 제동을 건다. 놀랍게도 미국
의 팝스타도, NBA나 MLB의 인기 선수도 그 자리를 넘보지 못
했다. 트위터 팔로워 수 1위의 주인공은 기업인 일론 머스크다.
테슬라의 CEO이자 혁신의 상징인 머스크는 트위터의 슈퍼스타
다. 세계 최고 부자 1위에 오르내리는 현실판 아이언맨 일론 머
스크는 자신의 소소한 일상부터 중대한 사업적 결정까지 실시간
으로 트위터에 공유하며 폭발적인 인기를 모았다. 평생 한 번 만
나보거나 이야기조차 나눠볼 수 없을 법한 세계 최고 부자 중 한

X(구 트위터) 팔로워 순위

순위	이름	팔로워
1	**일론 머스크**	**1억 5,470만**
2	버락 오바마	1억 3,190만
3	저스틴 비버	1억 1,170만
4	크리스티아누 호날두	1억 940만
5	리아나	1억 820만
6	케이티 페리	1억 720만
7	테일러 스위프트	9,420만
8	나렌드라 모디	9,130만
9	도널드 트럼프	8,720만
10	레이디 가가	8,390만

*2023년 10월 5일 기준

명이자 혁신의 아이콘은 SNS을 통해 편견 없이 소통하고 실시간으로 논쟁하며 1억 5,470만 명의 팔로워를 확보하고 있다. 참고로 2위는 최초의 흑인 대통령 버락 오바마(1억 3,190만 명), 3위는 저스틴 비버(1억 1,170만 명)이며 크리스티아누 호날두는 4위(1억 940만 명)에 올라있다.

팔로워들은 트위터를 통해 테슬라를 이끄는 일론 머스크의 머릿속에서 함께 머물며 의사결정을 하고 기업을 경영한다는 기분을 느낀다. 밀실에서 이사진 회의가 열려 난상토론 끝에 CEO가 물러나는 충격적인 결과가 나오거나 새로운 서비스를 출시하는 중대한 결정이 내려지는 것을 실시간으로 공유받는다. 그게 바로 일론 머스크가 대중으로부터 사랑받는 이유이면서 항상 각종 논란의 중심에 서는 요인이기도 하다.

이런 방식들이 일론 머스크가 트위터를 전략적으로 활용하는 노하우다. 그는 사람들의 입방아에 오르내리는 방법을 감각적으로 안다. 그의 트윗 하나로 수천 개의 언론사 뉴스가 생성되고 SNS를 타고 전 세계에 리트윗된다. 그는 자신의 팬덤을 열광시킬 티핑 포인트를 정확히 인지하고 있다.

농담만 해도 주가가 폭등, 트위터로 재테크

실제 머스크가 140자 토막글로 주가를 부양하거나 금전적 이익을 얻은 사례는 수없이 많다. 대표적인 사례가 2018년 머스크가 테슬라를 1주당 420달러에 비공개 회사로 전환하는 것을 검토한다고 올린 글이다. 머스크는 상장회사인 테슬라를 갑작스레 비공개 회사로 전환하겠다며 자금 확보까지 끝마쳤다고 공언했다. 머스크는 상장으로 인한 주가 변동성, 실적발표 의무로 인한 압박 등을 이유로 비공개 회사로의 전환이 더 낫다고 강조했다.

시장은 술렁였다. 테슬라 주가는 하루 만에 10% 넘게 폭등했

테슬라의 비공개 회사 전환 예고한 트윗　　　　　　　출처=X

다. IT매체 〈더 버지The Verge〉는 "머스크가 진지하게 이 방안을 검
토하는 것인지, 농담하는 것인지 판단하기 어렵다"고 전했다.

　머스크의 말이 사실이라면 개미 투자자 입장에선 더 이상 테
슬라 주식을 보유할 기회가 사라진다. 반대로 '420'이 마리화나
를 지칭하는 숫자 코드라는 분석과 함께 머스크의 농담이란 분
석도 함께 나왔다. 불안감은 투자자들이 테슬라 주식을 사게끔
유도했고 결과적으로 주가를 부양했다.

　일론 머스크의 말 한마디에 월가의 날고 기는 전문가들과 실
리콘밸리의 IT 혁신가들은 각각 다른 상상력을 발휘해 그의 머
릿속을 읽어내야 했고 수백만 투자자들은 혼란스런 마음을 부여

잡고 매도냐 매수냐 베팅을 해야 하는 상황을 초래했다. 결과적으로 일론 머스크의 테슬라 비공개 전환은 없던 일이 됐고 급등했던 주가는 고점 대비 시가총액 140억 달러(약 18조 7,000억 원)나 증발했다.

미국 주식시장 규제기관인 증권거래위원회SEC는 머스크를 주식 사기 혐의로 고발했다. 5년의 소송 끝에 머스크와 테슬라는 각각 2,000만 달러(약 267억 원)에 달하는 벌금을 내고 SEC와 합의할 수밖에 없었다. 테슬라 사내 변호사들은 머스크가 트윗을 올리기 전 그의 글이 주가에 미칠 영향은 없는지 사전 점검해야 할 의무를 부과 받았다. 이들 변호사들은 트위터 보모twitter sitter라는 별명을 얻었고 머스크는 트위터 '양치기 소년'이 됐다.

SEC의 규제에도 불구하고 2021년 11월 또다시 주가를 술렁이게 하는 일이 발생했다. 머스크는 예고 없이 트위터에 자신의 '테슬라 지분 10%를 매각할 수도 있다'는 글을 올리고, 이에 대한 찬성과 반대를 묻는 설문 조사를 올렸다. SNS상에는 격렬한 논쟁이 시작됐고 분초단위로 이와 관련된 뉴스가 현지에서 쏟아졌다.

테슬라 주가는 15% 이상 폭락했다. 3년 만에 또다시 머스크의 '트위터 양치기'가 시작된 것이다. 당시 미국에 근무하던 필자는 해당 뉴스를 접하자마자 주변에 알 만한 사람들과 현지 매체, 각종 SNS를 수소문했던 기억이 있다. 하지만 그 어디에도 명확한 해석이나 분명한 정답은 없었다. 왜냐하면 진의는 순전히 일론 머스크 머릿속에만 있기 때문이다.

사건의 배경은 이러했다. 2021년 조 바이든 대통령의 부자증세 정책이 이슈의 중심에 있을 때였다. 제프 베조스, 일론 머스크 등이 SNS를 통해 정부의 부자증세 정책을 맹비난했고 갑론을박이 이어졌다. 일론 머스크는 부자증세가 이뤄질 경우 직접적인 먹잇감이 될 터였다. 조 바이든 대통령이 세계 1~2위를 다투는 가장 큰 부자인 머스크를 겨냥한 것이란 소문들이 번져나갔다. 실제 잘 알려진 대로 일론 머스크와 조 바이든의 관계는 지금도 순탄하지 않다.

그러던 중 머스크는 돌연 자신의 트위터에 자신의 테슬라 지분 10%를 매각해야 할지에 대한 공개 투표를 열며 사실상 여론전에 들어간 셈이었다.

이 사건은 2018년 테슬라의 기업 비공개 추진 때보다 파급력이 더 컸다. 세계 최고 부자가 자신이 최대주주로 있는 기업 지분의 10% 처분권을 타인에게 위임한 사건이었다. 그것도 누군지도 불분명한 트위터 사용자들에게 물어본 것은 더 충격적이고 자극적이었다. 특히 상장기업의 비상장기업으로의 전환은 경영자의 입장에서 유불리를 따져가며 판단해야 할 결단의 문제라

테슬라 지분 10% 처분 관련 투표   출처=X

고도 볼 수 있지만, 최대주주의 대량 지분 매각은 기업과 투자자
입장에서는 특별한 이유가 없는 한 악재로 작용돼 주가에 부정
적인 영향을 미친다는 측면에서 결을 달리한다.

트위터 이용자 350만 명이 설문조사에 참여했고 57.9%의 찬
성률로 주식을 처분하라는 총의를 모아줬다. 머스크는 자신의
주식 일부를 현금화할 명분을 확보했다. 결국 머스크는 어떻게
했을까? 팔기도 했고 안 팔기도 했다. 일부 지분 매각이 순차적
으로 이뤄졌지만 10%나 되지 않았고, 반대로 자신이 가지고 있
는 주식 옵션을 활용해 결국 매각한 지분보다 더 많은 주식을 다
시 획득했다. 마치 트위터 투표 결과를 따르는 양태를 보였지만

그 실질은 오히려 주식 비중이 늘어나는 반대의 모습을 보인 셈이다.

머스크는 2021년 한 해 동안 2,070만 주의 주식을 매매, 증여, 세금 납부, 기부 등에 내놓았지만 옵션 행사로 2,280만 주의 주식을 얻어 결과적으로 약 210만 주의 주식이 늘어났다.

머스크가 지분을 매각하려는 명분은 바이든 정부의 부자증세로 인한 조세 부담이었다. 하지만 이면엔 다른 속내가 감춰져 있었다. 당시 테슬라 주가가 1,200달러를 넘어서며 고평가 구간에 진입했던 상황을 반추해보면 지분 매각 시 200억 달러가 넘는 막대한 현금 자산을 확보할 수 있었다. 현금화는 투자적 관점에서 큰 수익을 가져오는 결정이다. 하지만 최고경영자CEO이자 최대주주인 그의 자사주 대량 매각은 투자자들과 테슬라 광신도들에겐 큰 배신감을 주는 행위로도 해석될 여지가 다분했다.

통상 상장기업 주요 주주의 지분 매매는 필수 공시 사항으로 명시돼 있을 정도로 중요한 경영적 판단이다. 특히 대주주나 CEO가 보유 주식의 10%나 사고파는 것은 핵폭탄급 파급력을 갖고 있다. 그렇다 보니 10%에 달하는 지분을 팔겠다는 의사표시도 놀라운데 이를 투표를 통해 결정하겠다는 판단은 논란일수밖에 없는 것이다.

결국 머스크는 정부의 규제 프레임을 교묘하게 활용해 자신을 약자로 포지셔닝 하고, 트위터 투표라는 민주적 절차를 통해 지분 매각의 합리성을 부여하면서 명분을 완벽하게 확보해냈다. 트위터 장인, 일론 머스크의 SNS활용 전략을 보여주는 단면이다.

이 여론전으로 인해 SEC는 눈엣가시 같은 일론 머스크가 2018년 양측이 체결했던 합의를 위반했는지에 대한 조사에 착수했다. 머스크 역시 이에 지지 않고 자신의 표현의 자유를 침해하는 합의라며 소송을 제기했다. 이에 대해 법원은 SEC의 편을 들어줬고 2023년 5월에 열린 항소심에서도 이전과 같이 트윗을 올리기 전 검열이 필요하다고 판결했다.

암호화폐 시장의 미꾸라지

머스크가 트위터를 가장 잘 활용했던 시기는 다름 아닌 2020~2021년도 제 2의 암호화폐 붐이 일었던 때다. 2018년 한 차례 폭발적인 인기가 지나간 뒤 바닥을 기던 암호화폐 시장은 코로나19 대유행을 맞아 다시금 세간의 주목을 끌기 시작한다. 실패의 교훈을 아로새긴 개발자와 투자자 그리고 각국 중앙은행 등은 이를 반복하지 않기 위해 한층 더 고도화된 기술과 정책, 투자전략으로 새판을 짜기 시작했다. 그리고 암호화폐 판의 미꾸라지, 일론 머스크도 엉덩이를 내리깔고 한자리를 차지했다.

또 트위터가 이용됐다. 1억 명의 팔로워를 보유한 일론 머스크는 연일 암호화폐에 대한 글을 쏟아냈다. 머스크가 사랑하는 암호화폐, 도지코인의 인기도 그로부터 시작했다. 동전 한 닢도 안 될 도지코인은 일론 머스크가 트위터에 언급했다는 사실 하나만으로 신분이 수직상승했다. 가격은 수십 배를 넘어 수백 배 뛰어올랐고 잡코인에 불과했던 도지코인은 코인의 마스코트인 시바견과 함께 일론 머스크의 등 위에 올라탔다. 일론 머스크는 비트코인을 이용해 테슬라 차량을 구입할 수 있도록 하겠다고 트위터에 글을 올렸고 도지코인으로 차를 제외한 각종 차량 악세사리를 구입할 수 있다고 홍보했다.

그가 암호화폐 관련 글을 하나 올릴 때마다 코인의 가격은 요동쳤다. 그러나 얼마 후 머스크의 예측불허 갈지자 행보와 별도로 암호화폐의 2차 붐은 또다시 꺼지고 말았다. 암호화폐 판의 머스크 후폭풍은 상당했다. 많은 투자자들이 일론 머스크의 트윗 하나하나에 일희일비했고 그로 인해 큰 손실을 입었다는 투자자들은 머스크를 고발했다. 결국 그는 내부자 거래 혐의로 기소되기도 했다.

연쇄 창업가는 왜
트위터를 인수했을까

트위터를 사다

트위터를 능수능란하게 활용하는 트위터 황제 일론 머스크는 다시 한 번 아무도 예상하지 못한 결정을 내리며 세상을 놀라게 한다. 트위터를 직접 인수하기로 나선 것이다.

상황은 급박하게 전개됐다. 2022년 4월 4일, 일론 머스크는 트위터 지분 9.2%(7,350만 주)를 확보해 뱅가드 그룹(8.78%)을 제치고 최대주주에 올랐다고 깜짝 공시했다.

원칙적으로 투자자가 기업 지분 5% 이상을 확보할 경우 10일 내에 이를 공시해야 한다. 연초부터 트위터 주식을 조금씩 모아가고 있던 일론 머스크의 트위터 지분 5%가 넘어선 시점은 3월 14일이다. 그는 이후 20여 일이 지난 시점에 규정을 어긴 채 이를 공시한 것이다. 5%가 넘어선 이후에도 4%가 넘는 주식을 추가로 확보한 것이다. 만약 공시 의무가 없었다면 더 많은 지분을 모을 때까지 이를 숨겼을 수도 있다. 즉 '어쩔 수 없이' 알려진 뉴스였다.

이로써 험난한 일론 머스크의 트위터 인수전의 막이 올랐다. 머스크의 최대주주 등극 사실이 알려진 직후 트위터 주가는 30% 가까이 올랐다. 당시만 해도 머스크의 트위터 지분 매입이 기업 인수를 위한 포석이라는 생각을 하는 사람이 많지 않았다. 기껏해야 대중의 시선을 끄는 퍼포먼스거나 일부 경영에 개입을 하더라도 흥미가 사라지면 이내 떠날 것으로 전망됐다.

머스크 역시 지분 인수 직후 보도가 쏟아지자 "트위터 본사에 노숙자 쉼터를 만들자"는 농담인지 진담인지 알 수 없는 트윗을 날리며 지분 인수 이유를 밝히지 않았다. 기행을 일삼는 일론 머스크의 행보 탓에 더 묘한 발언이었다.

당시 지분 취득 공시자료를 보면 경영에 참여할 의사가 없는 경우 제출하는 '13G' 형식의 서류가 사용됐다. 뉴스로 주가를 흔들어 시세 차익을 얻기 위한 투자전략이 목적이란 분석에 힘이 실렸다. 일론 머스크는 실제로 지분 5%를 넘긴 3월 14일 이후에도 4월 4일 공시 직전까지 매수에 나서며 주가 폭등 이전의 염가에 트위터 주식을 추가 매수할 수 있었다.

그러나 그의 흑심은 불과 하루 만에 드러났다. 공시 이튿날 머스크는 트위터 이사회에 합류하면서 13G가 아니라 적극적 인

수정기능 추가 찬반 투표

수합병에 나서는 행동주의 투자자들을 위한 '13D' 형식의 서류를 사용했다. 지분 인수 때 쓴 13G 서류는 눈속임이었던 것이다. 진격의 서막이었다. 그는 이사회 합류 직후 트위터에 수정 기능 'edit'를 도입하길 원하냐는 찬반투표를 게시하며 CEO와 같은 행보에 나섰다. 최고경영자 파라그 아그라왈Parag Agrawal은 곧바로 해당 투표 결과가 중요하니 신중하게 투표하라는 리트윗을 보내며 적극 대응했다. CEO가 따로 있던 트위터에 점령군 일론 머스크가 그 존재감을 본격적으로 드러낸 첫 사건이었다.

결국 공시 10일째 되던 4월 14일, 일론 머스크는 트위터 주식을 1주당 54.2달러로 계산해 총 440억 달러에 트위터를 인수하겠다고 발표했다. 당시 주가에 38%의 프리미엄을 더한 가격이었다. 트위터 이사진과 합의도 없이 말이다.

일론 머스크는 트위터 인수 배경에 대해 "언론 자유는 민주주의가 제대로 작동하는 기반이며 트위터는 인류의 미래에 핵심적인 문제들이 논의되는 디지털 광장이다"라며 "앞으로 알고리즘의 소스를 공개하고 스팸봇을 차단하는 등 새로운 기능을 가진 제품을 통해 트위터를 더 좋은 곳으로 만들겠다"고 밝혔다. 또한 머스크는 트위터를 비상장회사로 바꿔 경영 체질을 개선한 뒤 재상장을 추진하겠다고 덧붙였다.

하지만 일론 머스크의 트위터 인수는 첩첩산중이었다. 우선 트위터 내부의 반발이 가장 컸다. 머스크의 일방적인 발표 후 트위터 이사회는 머스크의 인수로부터 경영권을 방어하기 위한 수단인 '포이즌 필poison pill'을 발동하는 등 육탄방어에 나섰다. 하지만 그들의 방어진은 11일 만에 무너졌다. 머스크의 파상공세를 막아낼 재간이 없을 뿐만 아니라 오히려 머스크가 트위터를 되살릴 적임자라는 기대감도 커져갔기 때문이다.

결국 4월 25일, 트위터는 머스크의 인수 제안을 받아들이며 본격적인 인수합병 절차에 들어갔다. 이사진들이 머리를 맞대고 고심한 결과 당시 주가 대비 40%에 가까운 프리미엄을 얻는 것이 주주들에게 가장 이익이 될 것이라고 판단했다고 밝혔다. 이사회는 일론 머스크라는 걸출한 천재 경영자가 '위기의 트위터'

를 구제할 것이란 희망 쪽에 베팅했다.

왜 위기의 트위터일까?

2004년 페이스북이 등장하며 소셜네트워크서비스SNS라는 새
로운 서비스가 등장했다. 이후 여러 SNS 서비스들이 우후죽순
출현했다. 트위터는 2006년 잭 도시가 노아 글래스, 비즈 스톤,
에반 윌리엄스와 함께 창업했으며 140자의 단문 텍스트형 SNS
라는 특징을 앞세워 인기를 끌었다. 하지만 트위터의 최대 장점
이 오히려 그들의 발목을 잡는 부메랑으로 돌아와 문제를 일으
켰다.

트위터보다 훨씬 더 많은 글자 수에 사진을 중심으로 급성장
한 인스타그램의 등장과 본격적인 영상 시대를 연 유튜브의 맹
활약으로 트위터의 입지는 계속 좁아졌다. 특히 인스타그램과
유튜브는 인플루언서라 불리는 파워 크리에이터들의 창작물과
게시물들이 크리에이터의 부가 수입으로 연결되며 동반성장이
가능했지만 트위터는 이러한 부분이 취약했다. 이로 인해 인기
크리에이터는 자연스레 트위터를 떠나 페이스북, 인스타그램, 유
튜브 등으로 옮기게 된다.

트위터는 타 플랫폼과 달리 미국 이외 국가에서 사용률이 크게 떨어지며 전형적인 미국향 SNS라는 한계를 극복하지 못하고 지속적인 위기를 맞았다. 또 사람이 아닌 로봇 계정이라 불리는 '스팸봇' 문제를 제대로 해결하지 못하며 가짜뉴스 유포의 진앙지라는 오명을 썼다. 어느 SNS보다 신속하게 정보 공유가 가능하지만 그러한 이유로 가짜뉴스가 판치기 더 좋은 환경이 조성된 것이다.

페이스북, 구글, 세일즈포스, 디즈니 등 굴지의 기업들이 연이어 트위터 인수에 나선다는 소식이 종종 들려왔지만 결국 트위터는 새 주인을 찾지 못한 채 정처 없이 부유하는 신세였다. 트위터를 창업한 잭 도시 역시 사내 권력다툼과 경영난으로 인해 두 차례나 CEO직에서 물러났다.

이처럼 굴곡진 트위터의 역사 끝에 등장한 인물이 바로 일론 머스크다. 트위터 이사회가 머스크의 인수 제안을 받아들이자 시장은 뜨겁게 반응했다. 전기차의 아버지이자 혁신의 아이콘인 머스크가 이미 과포화된 시장이라 불리는 SNS 분야에 진출한다는 소식은 미국 전역에 화제를 제공했다. 마치 UFC 격투기 대회 챔피언이 돌연 대회를 주최하는 UFC를 사들여 규칙을 바꾸는 등 제멋대로 행각을 벌이는 것과 다름없다는 비판도 있었지만 시장은 고무됐다.

그러나 손쉽게 끝날 것이라 생각했던 머스크의 트위터 정복전쟁은 예상과 달리 장기전으로 이어졌다. 우선 내부 반발을 정리해야 했다. 당시 트위터 CEO였던 파라그 아그라왈부터 수많은 트위터 직원들이 머스크의 트위터 인수를 비판하고 우려를 표했다. 상당수 직원들은 일론 머스크에 인수될 바에 다른 직장을 가겠다며 줄줄이 퇴사했다. 어디로 튈지 모르는 괴짜 경영자 머스크의 손아귀에 들어간 트위터가 풍비박산날 것이라 우려했기 때문이다. 회사운영의 효율화를 위한 머스크의 주요 과제 중 하나인 대량 정리해고도 예고됐다. 하지만 예상치 못한 복병이 있었다. 일방적 정복전쟁일줄 알았던 인수전은 뜻밖의 공방전으로 전환됐다.

트위터 인수논란 중심에 선 스팸봇

어수선한 인수 발표 직후 머스크는 '스팸봇'과의 전쟁을 선포했다. 머스크 트위터의 스팸봇 문제가 생각했던 것보다 훨씬 심각하며 트위터가 해당 정보를 제대로 제공하지 않고 있다고 여론전에 돌입했다. 쉽고 간편하게 가입할 수 있는 트위터 특성상 일정 부분 스팸 계정이나 광고용 계정이 존재할 수밖에 없다. 이는 인스타그램, 페이스북 등 유사 기타 SNS에서도 필연적으로 발생하는 문제다. 다만 머스크는 그 비율이 상상을 초월한다고 지적했다. 트위터 역시 스팸봇의 존재 자체를 부정하진 않았다. 다만 전체 계정의 5% 미만이라고 주장했다. 반면 머스크는 자체적으로 확인해본 결과 전체 계정 10개 중 2개, 즉 20%가 가짜 계정으로 보인다고 반박했다. 그 격차는 상당히 컸고 인수에 영향을 미칠 정도로 심각했다. 머스크는 트위터의 스팸봇 데이터를 전부 제공할 것을 요구했고 5%라는 숫자 자체를 믿을 수 없다고 강하게 주장했다. 트위터 역시 물러서지 않고 모든 정보를 제공했으며 5%라는 숫자에 아무런 문제가 없다고 항변했다.

지리한 공방전 끝에 머스크는 또 한 번 충격 발언을 한다. 바로 트위터 인수를 백지화하겠다는 것. 머스크는 인수를 선언한 지 3개월이 채 지나지 않은 2022년 7월 8일 스팸봇 현황을 파악조차 할 수 없고, 트위터가 계약상의 의무를 준수하지 않았다는 이유로 계약 파기를 선언했다. 10억 달러의 위약금이 발생한 것은 덤이다. 또다시 대중은 동전 던지기에 나섰다. 일부는 머스크가 트위터 인수 가격을 낮추기 위한 심리전이라고 분석했고 또 다른 사람들은 정말로 트위터 인수를 하지 않기 위한 판단이라고 분석했다. 한치 앞도 내다볼 수 없는 반전 드라마가 실시간으로 중계됐다.

소송의 나라 미국답게 곧바로 법적 공방이 벌어졌다. 트위터는 인수·합병(M&A) 전문 로펌 '워첼립턴로젠 & 카츠'를 선임해 소송에 나섰다. 머스크 측도 과거 애플과 삼성 간의 특허소송 당시 삼성전자를 변호했던 '퀸이매뉴얼어쿼트 & 설리번'을 앞세워 정면대결을 펼쳐나갔다. 소송 기간만 수년이 걸릴 것이란 우려는 트위터의 위기를 고조시켰다. 회사의 정상화를 바랐던 기존 투자자들과 직원들의 기대와 달리 오히려 머스크로 인해 트위터가 사실상 붕괴될 상황에 처하며 머스크에 대한 비판론이 커져갔다.

기존 테슬라 투자자들 역시 본업에 충실하지 못하고 트위터 인수에만 목을 매는 머스크에 대한 불만이 최고조로 치달았다. 이를 모를 리 없던 머스크도 결국 결단에 나섰다. 본격적인 재판이 시작될 10월 17일을 며칠 앞두고 머스크는 소송 취하를 조건부로 다시 트위터를 인수하겠다고 입장을 바꿨다. 인수가액을 30%만 깎아달라고 요구했고 트위터가 이를 받아들이지 않자 결국 트위터는 처음 제안한 440억 달러에 일론 머스크의 품으로 들어갔다. 법원은 10월 28일까지 트위터를 인수하라고 명령했고, 트위터는 인수됨과 동시에 10월 28일부터 상장폐지돼 비공개회사로 전환됐다. 그렇게 6개월간 이어진 머스크의 트위터 인수전은 상처뿐인 승리로 막을 내렸다.

시작부터 위기,
이제는 해피?

트위터 인수가 부른 시장의 불안감

머스크는 테슬라 주주들이 뜯어말리며 막아섰던 트위터를 결국 인수했다. 물론 출혈이 매우 컸다. 그는 테슬라 주식을 팔아 140억 달러, 테슬라 담보 대출 125억 달러, 트위터 담보대출 130억 달러 등을 인수 자금으로 마련했다. 이로 인해 기업 부채는 기업 건전성에 영향을 미칠 정도로 불어났다. 인수 전 52억 9,000만 달러(약 7조 650억 원) 수준이었던 부채가 머스크의 인수 후에 185억 달러 수준으로 급증하며 불안감을 키웠다.

또 인수 직후 아그라왈 CEO와 네드 시걸 CFO 등 주요 임원들을 해고하며 거액의 퇴직금을 줘야 했다. 아그라왈과 시걸의 퇴직금만 합쳐도 6,400만 달러(약 860억 원)에 달했다.

머스크는 테슬라의 실적 발표 행사에서 "현재 트위터에 너무 큰 금액을 지불하는 중이기는 하지만, 트위터는 한동안 좀 부진

했더라도 놀라운 잠재력을 가진 자산이다"라고 말하며 자신감을 보였다.

이용자의 대거 이탈로 인한 광고주들의 광고 중단도 줄줄이 이어졌다. 리서치 회사 봇 센티넬Bot Sentinel의 조사에 따르면 인수 확정 후 며칠 만에 100만 개 이상의 계정이 비활성화되거나 정지됐다. 사용자 수가 줄어드니 이를 기반해 광고를 집행하는 주요 광고주들도 너도나도 떠났다. 특히 수개월간 이어진 공방전에 닳아버린 이미지는 바닥을 쳤다. 스팸봇 논란 아래 가라앉아 있던 여론 조작과 가짜 광고 논란이 연일 이슈화됐고 트위터는 단숨에 신뢰를 잃어버린 SNS라는 오명을 얻었다. 어수선한 회사 분위기 탓에 트위터에는 인종차별 메시지와 혐오 발언들이 쏟아졌고 키워드 조작 등 각종 루머가 퍼지며 더욱 우려가 커졌다.

인수 2주 만에 머스크는 회사 상황이 좋지 않아 파산도 배제할 수 없다고 했다. 하지만 그대로 굴복할 머스크가 아니었다. 일단 회사의 수익을 개선시키기 위해 경영자로서 역량을 최대한 발휘했다. 전체 직원의 75%를 감축하겠다는 정리해고 계획을 밝혔고 그대로 실행했다. 이후 계약직 직원 5,000여 명 중 4,000명 이상을 해고해 전체 7,500여 명의 직원 중에 남은 인원은 1,500여 명 수준으로 줄었다. 거시경제의 위기 속에서 휘청이는 기업을 정상궤도에 올리기 위한 머스크의 궁여지책이었다.

트위터는 일론 머스크의 인수전이 한창이던 2022년 7월 발표한 분기실적에서 11억 8,000만 달러의 매출과 주당순손실 0.08달러를 기록했다. 이는 각각 시장 예측치인 13억 2,000만 달러와 주당순이익 0.14달러에 한참 못 미치는 결과다. 특히 이익이 발생할 것이란 전망과 달리 순손실이 발생하며 시장에 큰 충격을 가져다줬다. 비공개 전환 이후의 트위터 실적은 공시되지 않는다. 다만 머스크는 2023년 2월 트위터에 글을 올려 인수 후 3개월간 힘들고 어려운 시기를 보냈지만 파산 위기로부터 벗어났고 손익분기점에 도달하고 있다고 글을 올리며 정상궤도로의 진입이 이뤄지고 있다고 강조했다.

이어 머스크는 또다시 트위터 투표를 통해 자신이 "CEO 자리에서 사임해야 하는가"라고 물었고 57.5%가 사임하라고 의사를 표시했다. 결국 2023년 5월에 본인이 임시로 맡고 있던 CEO 자리에서 내려오고 광고와 마케팅 전문가인 전 NBC 유니버셜 광고파트너십 대표 린다 야카리노Linda Yaccarino를 신규 CEO로 임명하면서 정상화 수순을 밟아나갔다. 특히 트위터에 edit 기능을 도입하고, 서비스 유료화를 통해 광고 수입외 수익 다변화를 위한 노력을 기울이고 있는 상황이다.

그는 왜 트위터를 샀을까?

일론 머스크는 트위터의 슈퍼스타다. 그의 한마디 한마디는 모두 언론에 보도됐고 초강대국 미국의 유명 전문가와 경제학자들이 그의 간단한 메시지 한 줄의 뜻을 해석하기 위해 고군분투했다. 또한 산업계 전반과 주식시장에서 그가 미치는 영향력은 파괴적이었다. 여기까지가 머스크가 바랐던 것이라면 어렵게 트위터를 직접 인수할 필요는 없었을 것이다. 굳이 타노스가 손가락을 딱 튕겨 우주 절반을 날려버리듯 트위터 직원을 절반 이상 해고하며 악당 역할을 자처할 필요도 없었을 것이다. 수억 명에게 영향을 미치는 인지도를 갖추고 이미 여러 개의 사업을 동시에 펼쳐나가는 사업가 머스크는 왜 트위터에 집착했을까?

사실 머스크는 처음부터 트위터 인수 배경에 대한 힌트를 줬다. 지리한 법정공방 끝에 일론 머스크는 트위터 재인수가 확정된 2022년 10월, 또 하나의 의미심장한 트윗이 올라온다. 그 내용은 다음과 같다.

"트위터를 사는 것은 에브리씽 앱, 즉 X를 만드는 일을 가속화하기 위해서다."

트위터를 산 이유

출처=X

　모두의 반대를 무릅쓰고 트위터를 쟁취한 이유는 바로 '슈퍼 앱'을 만들기 위해서였다. 그는 트위터라는 SNS 브랜드가 가진 힘과 인지도를 과감하게 포기했다. 회사명을 트위터에서 X로 바꾼 것이다. 파랑새가 지저귀는 트위터의 브랜드 가치만 최대 200억 달러(약 26조 원)로 평가받지만 머스크는 괘념치 않았다. 그에겐 분명한 목표가 있고 나아갈 추진력이 있으며 실천할 자금이 있다.

　여기서 등장한 'X'가 결국 일론 머스크가 트위터를 인수하려는 이유이자 목적으로 요약된다. 다만 당시 지나가듯 올린 이 글이 언제 실현될지 어떤 형식으로 이뤄질지에 대해서는 추정이 쉽지 않았다. 하지만 이미 작업은 빠르게 진행 중이다.

　에브리씽 앱은 말 그대로 전부를 담은 앱이란 뜻이다. 다른 말로는 슈퍼앱이라고 부른다. 전지전능한 만능앱을 표현하는 대

Chapter 3. SNS의 힘

명사다. 즉 그의 트위터 인수는 단순히 본인의 영향력이 무척 큰 SNS 서비스를 직접 소유해보겠다는 즉흥적 충동이 아니라 철저히 계산 속에서 이루어진 경영적 판단이었던 셈이다.

그가 트위터 활동을 통해 보여준 모습은 감정적이고 단순했으며, 세계적인 기업의 경영자로서는 한없이 가벼워 보인 게 사실이다. 하지만 툭툭 잽을 날리듯 던진 그의 메시지들을 전부 모아서 연결해보면 철저한 계산 아래 무척 꼼꼼하고 계획적으로 이뤄진 전략적 판단임을 확인할 수 있다. 다시 한번 권모술수에 능한 그의 면모를 파악할 수 있는 대표적인 사건이 바로 트위터 인수다.

그럼에도 불구하고 한가지 의문이 드는 것은 사실이다. 테슬라, 스페이스X 등을 바닥부터 성장시키며 그간 무에서 유를 창조하는 혁신의 길을 택해온 그가 왜 SNS만은 창업하는 대신 트위터를 인수했느냐는 것이다.

일각에선 이처럼 논란을 일으키고 문제를 발생시키고 돈을 써가며 굳이 트위터를 인수한 것이 더 손해라는 주장도 나온다. 오히려 파괴적 혁신가 일론 머스크라면 트위터와 같은 서비스를 처음부터 만드는 게 더 낫지 않느냐는 반문이다. 트위터를 인수해 결국 비공개 회사로 전환해버린 뒤 하나부터 열까지 뜯어고치고 있는 머스크의 행보를 보면 그러한 의구심에 힘이 실리는 것도 사실이다.

새로운 기능을 내놓거나 각종 기능을 유료화할 때마다 팬들보다 안티Anti가 더 많아지는 현실 속에서 기존 트위터의 이용자도 잃고 자신의 이미지도 깎아먹고 있는 비관적 상황에 대한 우려가 크다. 차라리 힘들더라도 머스크의 혁신 DNA를 믿고 따르는 팬들과 함께 새로운 SNS 서비스를 만드는 편이 낫지 않느냐는 의견에 대한 대답은 SNS의 황태자 마크 저커버그를 통해 얻을 수 있다. 결론부터 말하자면, 제로부터 시작하는 게 훨씬 더 어렵다는 것이다.

SNS 황제, 마크 저커버그의 스레드 도전기

머스크의 트위터 인수로 서로 각자 분야의 리더였던 두 스타 경영자는 졸지에 라이벌이 됐다. 둘은 직접 격투기 링에 올라 진짜 한판 대결을 하자는 온라인 설전을 벌이며 라이벌 구도를 표면화했다. 참으로 달라 보이면서도 묘하게 닮은 둘이다. 과연 머스크는 저커버그의 SNS 왕국을 무너트릴 경쟁 상대가 될 수 있을까?

사실 머스크와 저커버그는 달라도 너무 다르다. 머스크가 저커버그보다 나이가 12세 많고 키도 10센티미터 이상 크다. 외형뿐만 아니라 성격도 극과 극이다. 외향적이고 나서기 좋아하는 머스크와 달리 저커버그는 대중에 나서기를 꺼려하는 내성적인 성격이다. 본인이 사실상 구설수를 만들며 트러블 메이커를 자처하는 머스크와 달리 저커버그는 눈에 띄지 않은 은둔의 경영자에 가깝다.

SNS의 제왕

1984년생인 마크 저커버그는 2004년 하버드대학교에 재학 중이던 스무 살의 나이에 페이스북을 창업한다. 하버드대학교를 중퇴한 청년 창업가라는 점과 소프트웨어sw 기술로 압도적 시장 1위에 올랐다는 공통점으로 인해 빌 게이츠와도 곧잘 비교된다. 다만 마이크로소프트를 창업한 빌 게이츠는 한 번도 회사명을 바꾼 적이 없지만 페이스북은 현재 메타로 회사명을 바꿨다. 또 빌 게이츠의 영원한 라이벌 스티브 잡스가 검은 터틀넥만 입고 버켄스탁 BIRKENSTOCK 슬리퍼만 신어 자신의 시그니처 패션을 완성한 것처럼 저커버그는 항상 회색 티셔츠나 후드티를 입으며 아디다스 삼선 슬리퍼만 신는다.

SNS의 원조이자 대장격인 페이스북은 전 세계 가입자 수 30억 명이 넘는 세계 1위 SNS 서비스다. 메타는 아직까지도 페이스북으로 부르는 사람이 더 많다고 해도 과언이 아니다. 페이스북을 창업한 저커버그는 이후 각종 SNS를 인수하며 가지고 있는 무기를 다변화했다. 2012년 사진 기반 SNS 인스타그램을 10억 달러에 인수했고, 2014년 인스턴트 메시지 앱의 아버지라 불리는 왓츠앱을 무려 220억 달러에 인수했다. PC 시대를 대표하는 SNS 페이스북과 더불어 2010년 이후 본격화된 모바일 시대를 맞아 인스타그램과 왓츠앱이 더욱 맹활약하며 저커버그는 명실공히 SNS 업계의 황태자가 됐다.

그리고 그가 평정한 SNS 시장에 이제 일론 머스크가 도전장을 내민 형국이다.

머스크의 트위터 인수를 저커버그의 인스타그램과 왓츠앱 인수와 비교하는 사람들도 있다. 하지만 저커버그가 인수 당시 스마트폰을 중심으로 한 모바일 플랫폼 혁명을 예견하고 과감한 미래 투자를 감행한 것이라면 머스크의 트위터 인수는 단순히 SNS 시장 진출뿐 아니라 그를 통해 얻을 수 있는 각종 메타 데이터를 수집하고 트위터를 매개로 한 슈퍼앱 출시를 위한 전략적 투자라는 점에서 차이가 있다.

그렇다면 왜 연쇄 창업가이자 창업 중독자인 머스크가 SNS 분야에서는 창업 대신 이미 시장의 기득권이자 과포화 시장의 고인물인 '트위터'를 인수했을까. 그 이유는 메타의 행보를 보면 쉽게 이해할 수 있다. 미국 전역의 가십거리로 전락한 '머스크 vs 저커버그'의 격투기 대결의 시발점이 바로 트위터를 겨냥해 메타가 새롭게 출시한 '스레드Threads'라는 SNS였다. 2023년 7월 6일 스레드는 텍스트 기반 단문 SNS를 표방하며 야심차게 등장했다. 특히 표현의 자유를 외치면서도 트위터에서 발생하는 정보를 독점하고 있는 머스크와 달리 스레드는 탈중앙형 시스템을 지향하며 대놓고 트위터의 경쟁자를 자처했다. 스레드가 트위터를 잡을 수 있을 것인가에 대한 대중의 관심이 커져가는 가운데 머스크와 저커버그의 설전이 격화되며 결과적으로 현실 격투기 대결 논란으로 번진 셈이다.

사실 머스크의 성격과 과거 행보를 비춰봤을 때 스레드를 창업해야 할 사람은 저커버그가 아닌 머스크여야 한다. 군이 기존 서비스를 전부 뜯어고쳐 나가면서 본인이 원하는 결과물을 만들어내는 것은 머스크의 스타일이 아니다. 하지만 머스크는 트위터 인수라는 기존과 다른 행보를 택했다. 이는 이미 성장을 끝내고 완숙기에 접어든 SNS 시장에서 새로운 기회를 가져오는 것이 그만큼 쉽지 않다는 냉정한 성찰의 결과물이기도 하다.

스레드는 출시 5일 만에 가입자 1억 명을 돌파하며, 역대 앱 중에서 가장 빠른 시점에 1억 명의 가입자 수를 만들어낸 서비스라는 기록을 세웠다. 하지만 빛나는 시간은 그렇게 오래가지 않았다. 스레드는 출시 한 달 만에 활성 사용자 수의 80%가 사라졌다. 출시 직후 일일 활성 사용자 수가 4,400만 명까지 늘어났지만 7월 말 기준 일일 활성 사용자 수가 800만 명까지 급감한 것이다. 초반의 기세에 비하면 우려할 만한 성적표다. 이처럼 포화 시장인 SNS 생태계에서 신규 서비스 출시를 통한 시장 지배력 확대가 쉽지 않다는 것을 메타가 몸소 증명했다. 머스크의 트위터 인수가 오히려 나은 판단이라는 분석이 나올 수밖에 없다.

과감한 결단, 사명 변경

머스크와 저커버그의 재미있는 공통점 하나는 신규 산업 진출을 위해 사명을 바꾸는 결단을 내렸다는 것이다. 마크 저커버그는 새로운 미래 먹거리 산업으로 메타버스를 택해 회사의 명운을 걸었다. SNS 업계를 장악한 메타의 가장 큰 약점은 내놓을 만한 하드웨어 경쟁력이 없다는 점이다. 컴퓨터 시대가 열리며 인텔과 AMD는 반도체 시장을 주도했다. PC시장에선 델과 HP 등의 하드웨어 기업이 명성을 드높였다. 이어 애플과 삼성전자는 스마트폰 시장을 양분하며 글로벌 IT 기업으로 도약했다.

반면 검색과 SNS를 주업으로 하는 구글과 메타와 같은 기업은 검색과 SNS 기반 광고 매출이 사실상 전부다. 수익 다각화에 대한 필요성이 지적된다. 구글은 클라우드 사업 등을 통해 사업의 외연을 확장했고 안드로이드 운영체제에 기반한 각종 디지털 디바이스를 간간히 선보여 시장의 호평을 받았다. 하지만 SNS에 기반한 메타의 첫 오프라인 매장 '메타 스토어'는 2022년에야 처음 문을 열었다. 전시할 하드웨어 기기가 부족했던 메타가 내세운 것은 바로 가상현실VR 헤드셋이다.

메타는 VR 하드웨어 제조사 오큘러스를 2014년 인수했다. 즉 메타버스를 구현하고 작동시킬 VR 하드웨어 기기의 주도권을 가져가겠다는 전략을 세운 것이다. 마이크로소프트가 뒤늦게 스마트폰 시장을 두드렸다 실패한 것을 반면교사 삼은 메타는 선제적으로 VR 하드웨어 시장 리더 기업을 인수했다. 이와 함께 메타는 메타버스 산업에서 소비할 각종 VR 콘텐츠와 플랫폼 개발에 전략적 투자를 단행했다. 하지만 메타버스 시장에 대한 기대와 달리 소비자 반응과 산업의 속도는 더뎠고 글로벌 거시경제의 위기 그림자 속에서 각 기업들이 속도 조절에 나서며 메타도 한발 물러선 상황이다. 특히 애플이 새롭게 선보일 혼합현실MR 기기 비전프로Vision Pro에 대한 기대감이 높았지만 그 역시 비싼 가격과 상용화 가능성에 대한 의구심 등으로 아직도 메타버스 산업 성공에 대한 찬반양론은 서로 부딪히고 있다. 결국 메타는 당분간 메타버스 사업에 대한 무리한 투자 대신 안정적인 사업 운영을 결정했다. 사실상 사명 변경은 지금까지는 실패로 보인다. 그런 상황에서 메타는 자신들이 가장 잘하고 자신있는 SNS 분야에 신규 서비스를 출시했다. 바로 트위터의 경쟁 서비스, 스레드의 런칭이다.

　머스크 역시 메타와 마찬가지로 트위터를 인수하자마자 회사명을 X로 바꿨다. 메타와 마찬가지로 더 이상 SNS 기업에 머무르지 않고 모든 것을 빨아들이는 슈퍼앱 X가 되겠다는 것이다. 아직 사명 변경의 성패를 판단하기에는 다소 이르다. 다만 몇 년 뒤 X의 기업가치가 어떻게 변했을지 궁금해진다.

Chapter 4

플랫폼의 미래

플랫폼 앱,
X 꿈꾸는 머스크

일론 머스크가 꿈꾸는 슈퍼앱은 어떤 청사진을 갖고 있을까.

그는 트위터 인수가 확정되자마자 X를 전면에 내세웠다. 2022년 10월 4일 머스크는 트위터 인수가 에브리씽 앱, X를 향한 가속페달이 되어줄 것이라고 확언했다. 머스크 특유의 자신감이 묻어나는 어투였다. 하지만 어떻게 추진할지 어떤 그림을 그릴지는 아무 것도 나온 게 없었다. 그리고 왜 SNS 서비스 트위터를 인수해놓고 갑작스레 X를 언급했는지 모두가 어리둥절했다.

그리고 그의 X 사랑이 다시 한 번 회자됐다. 머스크와 테슬라에 관심이 있는 독자라면 X라는 알파벳을 곳곳에서 들어봤을 것이다. 혹시 어떤 X가 기억에 나는가? 우선 테슬라의 차량 모델 중엔 모델 X가 있다. 모델 S, 3, X, Y 등 4개 차종 중 프리미엄 라인에 속한다. 모델 3는 'E'를 바꿔놓은 형태라 테슬라의 신작 사이버트럭Cyber Truck과 함께 'SE(3)XY Cars'의 이니셜이란 이야기는 유명하다.

또 테슬라와 더불어 머스크의 핵심 사업인 스페이스X에도 X
가 들어간다. 그리고 다른 X보다 덜 알려졌지만 슈퍼앱 이슈로
다시 부각된 엑스닷컴X.com이 주목받고 있다.

연쇄 창업의 발판 Zip2

이를 이해하기 위해서 청년 창업가 시절의 일론 머스크를 살
펴봐야 한다. 사업가를 꿈꾼 머스크는 1995년 불과 24세의 나이
에 동생 킴벌 머스크와 집투Zip2라는 첫 회사를 창업했다. Zip2는
미국내 사업체명과 주소 등 기업정보를 온라인 데이터베이스화
해 이를 지도와 동기화시켜 보여줬다. 실리콘밸리의 특정 기업
이름을 검색하면 지도상에 위치와 주소 등의 정보를 보여주는
식이다. 요즘으로 따지면 네이버 지도나 구글 맵스와 같은 서비
스로 초기 인터넷 기술을 활용할 수 있는 구체적인 아이디어가
구현된 사업형태다.

해당 서비스는 머스크가 직접 코딩을 했고 동생 킴벌은 영업
과 마케팅을 하며 B2B 사업으로 펼쳐갔다. 운 좋게 창업 바로 다
음 해인 1996년 300만 달러 투자를 받아 사업을 확장했고 1999
년 컴팩이 3억 700만 달러에 인수했다. 이 덕에 지분율이 7%였

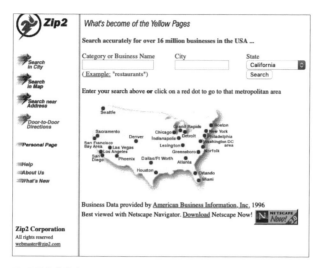

Zip2의 홈페이지

던 머스크는 2,200만 달러를 손에 쥐며 성공적인 첫 사업의 성과를 거뒀다.

서른도 되기 전에 백만장자가 된 일론 머스크는 든든하게 확보한 투자자금으로 연쇄 창업에 돌입했다. 사실 컴팩에 Zip2를 매각하자마자 넥스트플랜을 가동했다. 그는 계획이 다 있었다.

이렇게 창업한 두 번째 회사가 바로 X.com이다. 머스크는 1999년 12월 1,200만 달러를 들여 X.com을 공동창업했다. 인터넷 은행을 표방한 X.com은 이메일 주소만으로 계좌를 개설하고 송금을 할 수 있도록 서비스를 구상했다. 다만 이제 막 인터넷이 태동하던 시기인 탓에 금융당국의 경계가 가장 큰 걸림돌이었다. 겨우 당국의 승인을 받아낸 X.com은 공격적인 마케팅과 간편하고 편리한 서비스 콘셉트 덕분에 곧바로 시장의 관심을 끌었다.

X.com은 가입만 해도 이용할 수 있는 20달러짜리 현금카드를 제공하는 등 물량 공세를 통해 가입자 수를 빠르게 늘렸다. 또한 안전결제 서비스를 제공했는데 은행보다 낮은 수수료 등은 사용자들의 만족도를 높인 핵심 요인이었다. 출시 2개월 만에 20만 명의 가입자를 확보하며 순항하던 X.com의 위기는 내부로부터 시작됐다. 경영진 간 이견으로 갈등이 발생한 것이다. 과거 Zip2 운영 당시 사내 갈등으로 이사회로부터 쫓겨난 경험이 있었던 머스크는 공동 창업자 3명을 순차적으로 해고하며 경영 주도권을 쥐어나갔다.

자신의 전재산을 쏟아부은 머스크는 배수진을 칠 수밖에 없었다. 하지만 쫓겨난 공동 창업자들이 회사에서 나와 같은 서비스를 출시했고 이로 인해 머스크의 위기감도 커졌다. 부랴부랴 밴처캐피탈vc 세콰이어로부터 추가 투자를 받았으며 유사 서비스를 제공하던 경쟁사 컨피니티와의 합병을 결정한다. 그렇게 탄생한 기업이 바로 그 유명한 페이팔PayPal이다. 즉 X.com은 페이팔의 전신인 셈이다.

머스크는 X.com을 창업한 지 불과 4개월 만인 2000년 3월 두 회사를 합병해 탄생한 페이팔의 초대 CEO를 맡는다. 당시에도 회사명을 페이팔로 할지, 아니면 X.com으로 할지를 놓고 경영진 간의 갑론을박이 있었다. 머스크는 간편결제 및 안전결제 등 결제분야에 특화된 서비스라면 페이팔이 괜찮지만, 전통적인 금융시장을 재편하고 새로운 혁신을 위한 종합서비스로는 X.com이 낫다는 의견을 내놓았다. 하지만 머스크의 양보로 사명은 페이팔로 확정됐다.

시장을 주도했던 기업 간의 연합은 시너지 효과를 냈다. 금새 가입자 수는 100만 명을 넘어서며 고무적인 상황이 됐다. 하지만 또다시 공동 창업자 간 갈등이 빚어졌다. 서비스 개발 환경을 리눅스에서 해야 할지 윈도우에 기반할지가 문제였다. 치열한 싸움 끝에 결국 머스크는 자신이 신혼여행을 떠난 사이 이사회 해임안 통과로 CEO 자리에서 또 쫓겨난다.

그 뒤를 이어 취임한 CEO가 바로 페이팔 마피아의 핵심, 피터 틸Peter Thiel이다. 다만 가장 많은 지분을 보유하고 있던 머스크는 정면대결 대신 고문직을 맡으며 일보후퇴를 택했다. 승승장구 하던 페이팔은 결국 합병 3년도 안 된 2002년 10월 이베이eBay에 15억 달러에 인수된다. 가장 많은 12%의 지분을 갖고 있던 머스크는 이 매각으로 2억 5,000만 달러를 손에 거머쥐었고 이

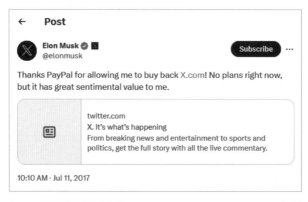

X.com 도메인을 되찾은 소식

돈 중 1억 달러는 스페이스X로, 7,000만 달러는 테슬라로 재투자되며 현재의 머스크를 만든 종잣돈이 된다.

페이팔이 갖고 있던 X.com이란 도메인은 2017년 다시 일론 머스크의 손으로 들어간다. 금액은 680만 달러. 머스크는 2017년 7월 5일 X.com 도메인을 다시 사들였다며 아직까지는 아무런 계획이 없지만 감정적으로 큰 가치가 있다며 소회를 밝히기도 했다. 여기까지가 머스크에서 시작한 X.com이 돌고 돌아 다시 머스크에게 돌아온 사연이다.

사실상 방치해오던 X.com은 6년이 지난 2023년, 트위터의 사명 변경과 함께 화려하게 복귀했다. 무려 슈퍼앱이라는 담대한 꿈을 품고 말이다.

돌고돌아 다시 온 X.com, 슈퍼앱의 기회

머스크의 슈퍼앱에 대한 구상은 놀랍게도 1999년 X.com을 창업했을 때부터 시작됐다. 실제 그는 2022년 테드Ted 컨퍼런스 연사로 참여해 이에 대한 이야기를 한 적이 있다.

"22년 전에 구상한 X.com의 계획을 이제 행동으로 옮길 때다. 2000년 7월 상품계획까지 다 세워두고 세상에서 가장 가치 있는 금융기관을 만들려 했다."

상상의 공간에 머물던 슈퍼앱의 구상을 이제는 실현할 수 있는 적절한 기회가 찾아왔다는 뜻이다. 20년 전 인터넷이 이제 막 태동하던 시기에는 스마트폰도 없었고 마땅한 어플리케이션도 전무했다. 당시에는 생각조차 못하거나 기술적으로 구현이 불가능했던 앱과 서비스가 등장했고 스마트폰의 보급은 누구나 접근 가능한 인프라 환경 제공으로 이어졌다.

세상이 빠르게 변하는 사이 머스크는 매일 성장하고, 기회를 엿봤으며 누구보다 냉정하고 계산적인 시선으로 자신의 꿈을 위해 한 발 한 발 나아갔던 것이다. 어쩌면 즉흥적이고 가벼워 보였던 그의 언행과 의사결정들도 수많은 그의 계획의 일환이었을

지도 모른다.

또한 여러 사업을 통합해 관리하고 운영하기 위한 모회사격인 지주회사를 두고 자회사를 중심으로 사업을 전개하는 기업지배구조 개편에 대한 아이디어는 2012년부터 시작됐다고 밝힌 바 있다. 여러 사업을 거미줄처럼 펼쳐나가던 그는 결국 지주회사를 중심으로 한 사업 구조의 '재편'과 흩어져 있던 각 사업을 하나의 플랫폼으로 통합하는 슈퍼앱으로의 '통합'을 순차적으로 준비해온 것이다. 무려 20년 넘도록 말이다. 그리고 그를 위한 핵심 키워드는 그의 시작이자 현재, 그리고 미래를 모두 담은 'X'다.

힌트는 곳곳에, 실행은 비밀리에

곳곳에서 슈퍼앱 X에 대한 암시와 힌트를 흘려왔던 일론 머스크는 정작 트위터의 X로의 전환은 조용히 물밑에서 진행했다. 이 사실은 우연히 밝혀졌다.

2019년, 극우운동가 로라 루머Laura Loomer는 논쟁적인 발언을 트위터에 쏟아냈다. 이로 인해 루머의 계정은 폐쇄됐고 이에 루머가 반발하며 소송전이 펼쳐졌다. 한창 소송이 진행 중이던 2023년 4월, 트위터는 소송에 대한 회사 입장을 담은 자료를 법원에 제출했다. 여기서 X가 뜬금없이 등장하며 뜨거운 감자가 됐다. 트위터는 회사을 설명하며 "트위터는 X와 합병해 더 이상 존재하지 않는다"고 적시했다. 트위터에 대한 소송제기가, 사실은 존재하지 않는 기업에 대한 소송이라고 항변한 셈이다. 그렇게 사라진 트위터를 대신해 X의 존재가 드러난 셈이다.

실제로 2023년 3월 9일 X법인x corp.이 설립된 것으로 확인됐다. 또 트위터와의 합병 서류 역시 같은 달 15일 제출됐다. 즉 로라 루머가 법원에 서류를 제출할 당시 트위터는 이미 X법인으로 흡수된 상태였다.

머스크나 트위터의 공식 발표 이전에 소문으로만 돌던 X의 정체가 본격적으로 수면 위로 드러난 사건이다. 그렇다고 X라는 글자가 머스크의 트위터 인수 국면에서 처음 등장한 것도 아니다. 트위터가 X법인에 인수된 사실이 보도된 직후 머스크는 별다른 메시지 없이 자신의 트위터에 'X'라고 달랑 올리며 사실임을 인정했다.

2023년 4월 18일 머스크는 트위터 2.0을 선언하며 트위터 정책을 위반하는 불법, 혐오 트윗을 추방하고 스팸봇 문제를 해결하겠다고 밝혔다. 이후 트위터는 트위터 블루 유료서비스를 강화하며 본격적인 구독 서비스 수익을 강화하는 데 집중했고 5월에는 새로운 신임대표로 린다 야카리노를 앉히며 그는 장막 뒤로 한걸음 물러났다. 당시 일론 머스크의 트위터는 급격한 서비스 개편과 유료화 강행 등으로 부정적 여론의 총공세를 받고 있었고, 광고와 마케팅에 전문성을 갖고 있던 야카리노는 떠나가는 광고주를 붙잡고 급한 불을 끄기 위해 긴급 투입됐다. 머스크는 명목상으론 최고기술책임자CTO로 물러섰다. 하지만 많은 사람들은 여전히 머스크가 사실상 전권을 쥐고 의사결정을 좌지우지하고 있을 것이라 믿어 의심치 않았다.

트위터 인수전을 둘러싸고 새로운 뉴스가 매일같이 쏟아져서 다들 놓치거나 흘려 들었지만 머스크는 처음부터 X에 대한 계획을 숨기지 않았다. 머스크는 트위터 인수를 선언했던 2022년 4월 X홀딩스X holdings라는 지주회사를 델라웨어주에 조용히 설립했다. 미국 증권거래위원회SEC에 제출된 서류에 따르면 머스크와 그의 투자 파트너는 트위터 공개 매수를 위한 자금조달 용도로 X홀딩스에 자금을 투입할 계획이라고 밝혔고 향후 X홀딩스의 자회사 중 한 곳이 트위터와 합병할 계획이라고 돼 있다. 즉 2012년부터 구상해왔다는 지주회사로의 전환 역시 트위터 인수 추진 직후 본격화한 것이다.

정리해보면 결국 시간이 오래 걸렸을 뿐 그는 처음에 한 계획과 약속대로 차근차근 준비했고 행동했다. 그가 X홀딩스라는 지주법인을 만들고 트위터의 자리를 전부 X로 채워넣는 데는 1년

이면 충분했다.

영원히 떠난 트위터의 파랑새

드디어 파랑새가 새장에서 벗어나 자유의 몸이 되는 날이 왔다. 머스크는 2023년 7월 24일 트위터의 기존 로고를 X로 변경했다. 머스크는 자신의 트위터에 "우리는 곧 트위터 브랜드, 점진적으로는 모든 새 문양과 작별할 것"이라며 검은색 바탕에 알파벳 '엑스(X)'가 그려진 새로운 로고를 소개했다.

트위터는 2006년 설립된 뒤 줄곧 '파랑새' 로고를 사용해왔다. 미국 샌프란시스코에 위치한 트위터 본사 건물 외벽의 파랑새 간판도 거대한 '엑스(X)' 교체되는 등 속전속결로 교체 작업이 이어졌다. 트위터의 상징과도 같던 파랑새는 이제 더 이상 트위터에서 찾아볼 수 없다. 트위터는 7월 24일, 공식적으로 트위터라는 이름과 파랑새를 영원히 역사 속에 남겨두기로 결정했다. 그간 방치돼 있던 'X.com' 사이트로 이날부터 X(트위터) 홈페이지가 접속되기 시작했다. 미국 〈블룸버그〉는 파랑새 로고가 가지는 브랜드가치를 최소 40억 달러, 최대 200억 달러(약 25조 6000억 원)까지 될 것이라고 추정한 바있다. '트윗하다'라는 신

트위터 본사의 X로고

조어를 만들며 하나의 문화를 형성했던 트위터의 시대는 그렇게 끝났다. 트위터를 통해 많은 추억을 쌓아왔던 수많은 사람들은 '#ByeByeBirdie' 해쉬태그를 달며 아쉬움을 삼키기도 했다.

변화는 발빠르게 이뤄지고 있다. 게시물을 올리는 것을 뜻하는 'Tweet' 버튼은 'Post' 버튼으로 바뀌었다. 유료가입서비스였던 '트위터 블루'의 이름은 'X 프리미엄'으로 변경됐다. 트위터의 모든 흔적이 현재 진행형으로 지워지고 있는 중이다.

트위터, 완전 X 됐네

X로 인해 생기는 문제는 수없이 많다. 머스크에게 친숙한 소송 문제가 대표적이다. X를 사용하는 브랜드는 이미 900개 이상으로 알려져 있다. 특히 게임기 X박스를 갖고 있는 마이크로소프트와 페이스북의 모기업 메타 역시 X라는 브랜드를 갖고 있는 상태다. 아직까지 직접 소송이 이뤄지고 있지는 않지만 결국 소송을 당할 확률이 100%라는 게 전문가들의 견해다. 어쩔 수 없이 소송 리스크라는 잠재된 위험을 품은 채 사업을 전개해가야 할 형편이다.

그뿐만 아니라 X라는 문자가 본래 가지고 있는 부정적 이미지가 덧씌워지며 야심차게 시작한 X의 갈 길을 막아서고 있다. 예를 들어 X는 19금 성인 콘텐츠를 뜻하는 대표적 알파벳이기도 하고 한국에서도 욕이나 비속어 등을 감추기 위해 쓰이기도 한다. 즉 X가 주는 이미지 자체가 부정적인 경우가 많다는 것도 지적받고 있다. 향후 X와 관련된 서비스나 콘텐츠를 확장할 경우 이러한 부분에 대한 문제는 계속해서 나올 수 있다.

야심차게 X의 디자인을 공개한 머스크는 트위터 본사에 커다란 X 간판을 설치하자마자 3일 만에 철거당하는 수모를 당하기도 했다. 근처 주민들이 야간에 빛공해를 유발한다고 당국에 신고했기 때문이다.

문제는 트위터 인수 후 나날이 떨어지고 있는 광고매출이다. 수천 명을 해고한 뒤 각종 서비스 비용을 삭감하는 대신 유료화 확대에 나서는 등 체질 개선과 수익성 향상을 위한 경영자로서 의 실력행사에 나섰다. 내부 반발과 부정적 보도에도 불구하고 마이웨이를 택한 머스크에게 돌아온 성적표는 예상보다 더 나빴 다. 결국 사용자 수와 인기에 비례해 늘어나는 외부 광고 수입이 앞서 언급한 여러 문제점으로 인해 크게 떨어졌다. 금액뿐만 아 니라 광고주 역시 계속 줄어들며 더 이상 트위터에 희망이 없다 는 우려까지 나온다.

2021년 51억 달러였던 트위터 매출은 2023년 30억 달러까 지 감소할 것이라는 암울한 전망도 나왔다. 유료화 정책 중 하나 로 사용자가 열람할 수 있는 일일 트윗의 수를 제한한 조치 등은 최대한 많은 홍보효과를 누리려는 광고주 입장에선 껄끄러운 정 책일 수밖에 없다. 그런 만큼 트위터에게 필요한 것이 바로 매출 다각화 방안이다.

슈퍼앱도 좋지만 트위터부터 살려야

슈퍼앱이 궁극적으로 머스크가 꿈꾸는 이상향이라면, 당장 트위터의 위기부터 해소해야 하는 것은 밥벌이의 문제다. 트위터가 비상장회사로 상장폐지가 되기 직전 발표한 2022년 2분기 매출을 살펴보면 11억 8,000만 달러에 달하는 전체 매출 중 광고매출은 10억 8,000만 달러로 전체의 91%가 넘는다. 즉, 광고 매출의 감소는 SNS 기업의 존폐와 직결되는 심각한 문제라는 것이다. 특히 부정적 이미지나 문제점들이 부각될수록 문제의 심각성은 더욱 커져갈 수밖에 없다. 해당 이슈를 어떻게 해결하느냐가 머스크의 가장 큰 과제다.

사업가 머스크 입장에서는 이처럼 편중된 트위터 매출구조가 기업의 성장에 결코 좋지 않다는 것을 너무 잘 알고 있다. 트위터에 각종 유료화를 추진하고 구독 모델을 서비스화하는 이유는 돈에 눈이 멀었기 때문이 아니라 SNS 서비스가 가진 성장 한계를 돌파하기 위한 노림수라고 봐야 한다. 그런 만큼 뼈와 살을 깎는 고통으로 정리해고와 함께 체질 개선을 하는 것이 필수불가결한 선택일 수밖에 없었다. 궁극적으로 머스크의 큰그림 속 슈퍼앱으로의 전환이 결국 트위터를 회생시키기 위한 가장 강력하고 효과적인 솔루션이라는 판단이다.

포털사업으로 시작해 광고매출이 대다수였던 네이버 역시 이러한 매출 편중 문제를 해결하기 위해 금융을 비롯한 각종 콘텐츠 사업으로 발을 넓혔고, 세계 최대 검색엔진 구글도 클라우드 사업과 유튜브 인수 등 사업확장에 나선 이유도 이러한 매출 다각화 및 위험 분산 차원이다.

쉽게 말해 사업 다각화 전략의 끝판왕이 바로 슈퍼앱이란 것이다. 머스크는 위기의 트위터를 살리고 슈퍼앱에 도달하기 위해 많은 희생과 비난을 감수하고 과감한 전진을 택했다.

그리고 2023년 9월, 머스크는 네타냐후 이스라엘 총리와의 대담에서 X에 소액의 월별 요금을 부과하는 전면 유료화 계획을 밝혔다. SNS 서비스 트위터의 인수, 대규모 정리해고 및 경영진의 교체, 비상장 기업으로의 전환, 기존 기능의 대대적 개편과 부분 유료화, 브랜드 로고와 회사명의 변경, 서비스 전면 유료화. 그의 트위터 인수 후 행보를 압축적으로 살펴보면 모든 결정들이 마치 기가팩토리에서 생산되는 테슬라 자동차를 닮았다. 표준화되고, 효율화된 자동공정 시스템의 결정에 따른 행보처럼 일사불란하게 움직이고 있다. 그만큼 모든 계획들이 철저히 머스크의 머릿속에 그려진 그림 대로 흘러가고 있다는 것이다.

1등만 하는 기업가,
슈퍼앱은 추격자 신세

머스크가 그려나갈 금융 서비스

일론 머스크는 7월 25일 슈퍼앱 전환의 본격적인 신호탄을 쏘아올렸다. 그는 트위터 글을 올려 "트위터가 140자 텍스트 안에 갇혀있는 신세였다면 모든 것을 의미하는 X에서는 몇 시간짜리 비디오도 자유자재로 올릴 수 있는 서비스"라며 콘텐츠 확장성을 강조했다. 또한 수개월 내 종합적인 커뮤니케이션이 가능한 기능과 통합된 금융 서비스를 제공하겠다며 텍스트기반 SNS, 파랑새와의 영원한 작별을 고했다. 에브리씽 앱 또는 슈퍼앱 X의 실체가 몇 개월 안에 드러날 것으로 기대를 모았다. 특히 기존 트위터가 수행해왔던 커뮤니케이션 분야와 달리 금융 서비스가 무엇이 될지에 대한 관심이 쏠리고 있다. 아직 공개 전이라 구체적인 그림은 알 수 없지만 일론 머스크의 혁신이 금융 산업에 어떤 신바람을 불러일으킬지 궁금증이 커지는 상황이다.

사실 금융이야말로 슈퍼앱의 정수가 될 것이란 관측이 많다. 사용자의 재무 구조, 소비행태를 파악하고, 어떻게 돈을 관리하고 사용하며, 저축하고 대출하는지 파악하고 DB화할 수 있다면 다양한 개인맞춤형 서비스를 제공할 수 있기 때문이다.

커뮤니케이션 서비스가 플랫폼 서비스의 발판으로 주목받는 이유 역시 사용자가 그 서비스에 하루 종일 머물며 사용하고 수많은 DB화 가능한 데이터를 쏟아내기 때문이다. 그런데 금융 서비스의 경우 그러한 사용자 데이터 중 특히 돈과 관련된 데이터에 접근할 수 있다는 측면에서 보다 사업 친화적이고 수익 친화적인 서비스로의 매력을 갖고 있다. 그렇다 보니 대부분의 플랫폼 기업들이 커뮤니케이션 서비스를 통해 다수의 사용자를 충분히 확보하고, 이들 사용자들 대상으로 금융 서비스를 내놓아 그들이 어디에 돈을 쓰는지를 파악하고 이들을 플랫폼에 머물게 해 이를 벗어날 필요를 느끼지 못하게 락인Lock-in하는 전략을 구사한다. 대표적으로 카카오를 보면 국민 메신저로 등극한 후 카카오페이를 필두로 송금, 결제, 자산관리 등 금융 서비스로 확장했고 이를 바탕으로 카카오 플랫폼 안에서 쇼핑하고 주문하고 식당을 예약해 돈을 쓸 수 있게 발전했다.

SNS 서비스 트위터를 인수한 뒤 여기에 각종 금융 서비스를 붙이겠다는 머스크의 계획은 무척이나 정석적인 슈퍼앱 공식이라 할 수 있다. 이게 바로 트위터에 '종합 커뮤니케이션'과 '금융 서비스'를 추가하겠다고 올린 한 문장에 담긴 머스크의 함의다.

전문가들은 X의 금융 서비스가 입출금, 송금 등 은행 업무를 비롯해 다양한 방식으로 확장될 것으로 예상한다. 그렇다고 트위터의 금융부문 서비스의 경쟁사가 전통적 금융기업이나 핀테크 기업으로 한정되는 것은 아니다.

최근 업계에서 이러한 금융관련 사업으로 주목받는 기업은 다름 아닌 애플이기 때문이다. 스마트폰 제조사 애플은 애플페이를 시작으로 BNPLBuy Now Pay Later, 그리고 애플 예금계좌를 출시하는 등 최근에는 마치 금융기업처럼 행보를 이어가고 있다. 금융권에서 보기에는 트위터나 애플 모두 기존 경쟁자가 아니었지만 기존 사업 방식을 '파괴'하고 '혁신'하는 새로운 금융 산업 게임체인저로서 예의주시하고 있다.

슈퍼앱의 시작 위챗페이

2013년 출시된 위챗페이는 알리바바가 내놓은 알리페이와 더불어 중국을 대표하는 간편결제 모바일결제 서비스다. 특히 QR코드 결제 시장을 처음 개척했다. 중국에서 QR코드 결제가 활성화된 것은 중국 특유의 경제 구조가 한몫했다. 중국은 신용카드 경제를 사실상 건너뛰었다. 대도시와 중대형 규모 가게에서는 어렵지 않게 쓸 수 있지만 신용카드 단말기가 보급되지 않은 지방이나 작은 가게가 무수히 많다. 이런 가운데 스마트폰이 보급되면서 신용카드 단말기를 설치하는 대신 QR코드를 통한 간편 결제가 곧바로 도입된 것이다. 신용카드 사용이 자유자재로 이뤄지는 한국과 다른 중국 특유의 문화가 오히려 진일보한 결제 시스템의 도입을 앞당긴 도화선이 됐다.

14억 중국인들의 스마트폰마다 설치된 위챗은 이에 기반한 막강한 인프라를 무기로 위챗페이 서비스를 확장해나갔다. 당초 알리페이보다 사용률이 저조했던 위챗페이는 강력한 확장성을 기반으로 2021년 기준 42%의 시장 점유율을 기록했다.

공교롭게도 트위터를 인수한 머스크의 첫번째 신규 사업이 바로 금융분야라고 언급한 점 역시 이러한 위챗의 행보와 닮아있다. 머스크 역시 금융을 장악해야 시장을 이끌 수 있다는 점을 누구보다 잘 알고 있는 것이다.

위챗은 위챗페이를 필두로 기차표나 항공권을 예약하는 교통 서비스, 영화와 호텔 등을 예매하는 예약 서비스, 스마트폰을 흔들어 주변의 이용자와 대화할 수 있는 랜덤 채팅, 중국판 인스타그램이라 불리는 모멘트 서비스 등 다양한 서비스로 확장하며

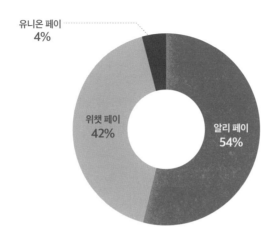

2021년 중국 간편결제 시장 점유율

유니온 페이
4%

위챗 페이
42%

알리 페이
54%

출처=appstoday

위챗 안에서 모든 것들이 해결될 수 있도록 서비스를 제공하고 있다. 비록 모바일 메신저로서의 비전은 카카오톡을 모방했지만 각종 서비스를 통합하고 확장하는 역량은 위챗이 카카오톡보다 두세 걸음 앞선 것으로 평가받는다. 이처럼 필요한 것은 모방하되 소비자가 필요로 하는 기능을 추가하며 자신만의 캐릭터를 구축한 슈퍼앱 위챗이 바로 머스크가 꿈꾸는 지향점이다.

과연 슈퍼앱이 가능할까?

위챗의 성공은 중국의 특수한 사정에서 기인했다. 제한된 시장경제 상황 속에서 압축적 성장을 이뤄냈다. 카카오를 비롯해 구글 등 외국계 기업들이 진입이 사실상 차단된 상황에서 SNS 서비스 위챗은 무럭무럭 성장하며 90%가 넘는 시장 점유율을 확보했다. 문제는 이러한 압도적 경쟁력을 X가 갖출 수 있을 것이냐는 점이다. 당장 금융 기능을 추가한다고 해도 시장의 사랑을 받지 못한다면 슈퍼앱으로의 첫발도 떼기 전에 문턱에서 좌절할 수 있기 때문이다.

사실 위챗과 카카오의 슈퍼앱으로서의 성공 공통점은 바로 커뮤니케이션 분야에서의 압도적 1위 자리를 확보하고 있다는 점이다. 누군가와 소통하고 대화를 나누는 커뮤니케이션 앱은 스마트폰 사용자들이 가장 자주 그리고 많이 사용하는 서비스다. 즉 SNS 서비스를 장악한 기업이 결국 플랫폼 기업으로서 여러 사업을 전개하는 데 가장 유리한 고지를 선점한다. 물론 검색 엔진에서 시작한 네이버나 구글, 소프트웨어 기업에서 시작한 마이크로소프트, 전자상거래 기업에서 외연을 확장해나가고 있는 아마존과 같이 각 분야의 최강자들이 점점 보폭을 늘리고 사업 분야를 넘나들며 슈퍼앱으로서의 가능성을 점쳐보고 있지만 커뮤니케이션 중심 기업보다 뒤처질 수밖에 없다. 결정적인 이유는 바로 사용자 수의 부족이다. 슈퍼앱의 가장 첫 번째 선결조건은 가능한 많은 사용자 수를 확보하는 것이다. 결국 좋은 서비스도 쓰는 사람이 없다면 무용지물인 것처럼 좋은 앱도 사용자 수가 적다면 그 가치는 반감된다. 그렇다 보니 슈퍼앱은 보통 압도적인 1위 기업이 펼쳐나갈 수 있는 비즈니스 모델인 셈이다. 따라서 가장 보편적이면서 많은 사람이 접근할 수 있는 서비스인 커뮤니케이션 서비스가 유리할 수밖에 없는 구조다. 일단 많은 사용자 수를 확보한 뒤, 사용자들의 효용을 높일 수 있는 킬러 콘텐츠와 앱들을 탑재하기 시작하면 이용자들이 그 앱을 벗어나지 않고 그 안에서 모든 것을 해결하는, 애브리씽 앱으로 자리매김하는 것이다.

메타도 실패한 슈퍼앱, 머스크는 가능할까?

머스크뿐만 아니라 많은 기업 경영자들이 슈퍼앱을 꿈꾸고 도전하고 있다. SNS 1위 기업 메타 역시 궁극적으로 이런 계획을 품고 있는 기업이다. 메타는 페이스북과 인스타그램 그리고 인스턴트 메시징앱의 원조인 왓츠앱까지 인수합병을 통해 보유하고 있는 SNS 공룡이다. 회사는 메타버스 사업 정복을 위해 사명까지 메타로 바꾸었고 새로운 생태계 조성에 나섰다. 또한 슈퍼앱의 첫발이라 할 수 있는 금융 산업에 도전장을 수차례 던졌지만 번번이 실패했다. 메타는 전자지갑 서비스 노비Novi를 선보였지만 9개월 만에 폐지했다. 이에 앞서 2019년 메타는 스테이블코인 리브라Libra를 발행할 계획을 발표했으나 결국 실현시키지 못했다. SNS의 제왕 메타조차 금융모델을 제대로 붙이지 못한 것이다.

이런 실패에는 여러 가지 이유가 있다. 우선 규제당국이 이러한 슈퍼앱에 대한 강한 거부감을 갖고 있다는 점이다. 특히 바이든 정부 들어 더욱 강화된 독과점 규제의 칼날이 빅테크 기업들로 향해 있는 만큼 슈퍼앱 출현 자체가 규제의 벽을 넘기가 쉽지 않은 상황이다. 메타뿐만 아니라 아마존, 마이크로소프트, 테슬라 등 굴지의 기업들이 현재 미국 규제당국의 날카로운 견제를 받고 있다. 게임 산업으로의 보폭을 넓히기 위해 액티비전 블리자드 인수에 나선 마이크로소프트MS는 합병의 독과점 문제 탓에 전 세계 규제당국의 요구사항을 맞추느라 수년간의 시간을 허비했다. 그만큼 규제정책이 슈퍼앱 탄생에 큰 걸림돌이 될 수 있다. 이러한 상황에서 규제당국의 요주의 인물 중 하나인 머스크의 큰 꿈이 과연 실현 가능할지도 미지수다.

또한 미국인들의 성향을 볼 때 하나의 앱만 이용하며 몰아주기를 해주지 않을 것이란 예측도 나온다. 자유와 혁신을 중시하는 미국은 50개 주가 연대해 만들어져 각 주별로 고유한 문화와 성향을 갖고 있으며 독립된 시장경제가 형성돼 있다. 또한 각종 기업이나 서비스들 역시 각 주별로 또는 지역별로 특화된 서비스가 많다 보니 미국 내수시장을 통합해낼 슈퍼앱을 만들기가 여간 어려운 게 아니다. 각기 개성이 서로 다른 서비스를 통합하고, 또 추가적인 인수합병을 통해 몸집을 불려야 하지만 그러기 위해서는 인수해야 할 기업과 고려해야 할 변수가 너무 많다.

다만 머스크는 슈퍼앱의 주요한 한 축이라 할 수 있는 교통 분야에서 핵심기업 테슬라를 보유하고 있다. 실제 동남아시아의 그랩, 미국의 우버 등과 같은 교통 분야에 특화된 기업들이 슈퍼앱으로의 확장 가능성이 높게 점쳐지는 만큼 테슬라를 보유한 머스크가 유리한 고지를 선점했다고 볼 수 있다. 문제는 멀리 떨어져 있어 보이는 테슬라와 X를 어떻게 연결할 것이며 그 가교 역할을 해야 할 각종 생활 밀착형 서비스와 금융 부문의 혁신을 어떻게 이뤄낼 것인가라는 과제가 남아있다는 점이다.

위챗은 지난 2017년 '미니 프로그램'을 도입했다. 일종의 앱 안의 앱스토어 개념으로 위챗 내에서 앱을 구동할 수 있게 한 것이다. 즉 개별 기업들이 자체적으로 위챗이란 울타리 안에 들어와 10억 명의 위챗 유저들에게 서비스를 제공할 수 있다. 즉 앱 제작사는 신규 시장을 뚫거나 사용자 확보를 위한 공력 소모를 하지 않아도 된다는 뜻이다. 마찬가지로 X가 슈퍼앱으로 자리매김하려면 여러 서비스를 붙여야 하는 만큼 이를 위해서는 다양한 앱 개발사들이 참여할 수 있는 생태계를 만들어 여러 비즈니스 모델을 조성해 나가는 것이 관건이 될 것이다.

슈퍼앱 위챗의 마화텅

일론 머스크는 트위터 인수 이전부터 트위터를 미국의 위챗으로 만들겠다고 여러 차례 공언해왔다. 이 분야에서 머스크의 롤모델은 위챗인 것이다. 그의 수많은 사업 중 이렇게 후발주자로 뒤쫓아야하는 분야는 슈퍼앱이 처음일 것이다. 수많은 혁신을 이뤄내고 사람들의 기대를 항상 뛰어넘은 머스크가 이번엔 추격자의 위치에 서야 한다. 위챗을 만들고 중국 기업 중 시가총액 1위 기업 텐센트를 창업한 마화텅이 그가 쫓아야 할 대상이다.

공교롭게도 마화텅과 일론 머스크는 모두 1971년생으로 나이가 같다. 마화텅은 하이난성 둥팡시에서 태어나 학창시절에 선전으로 이사한다. 천문학에 관심이 많아 천문학과로 진학을 꿈꿨던 그는 베이징 유수의 대학으로 진학할 성적을 가졌음에도 불구하고 천문학과가 있는 선전대학으로 진학을 택한다. 다만 고등학교 시절 담임선생님의 만류로 결국 천문학은 취미로 즐기기로 하고 컴퓨터공학을 전공한다. 청소년기부터 컴퓨터를 접했고 천문학 못지않게

그에 대한 관심도 컸다. 그의 청년시절 별명이 '천재 해커'였을 정도
로 컴퓨터를 다루는 데 능했다. 프로그래밍을 잘했고 컴퓨터 조립
도 능숙하게 해냈다.

그는 대학 졸업을 앞두고 친구들과 함께 증권 분석 시스템을 개
발했다. 이를 통해 번 돈을 다시 주식에 투자해 제법 불려서 텐센
트 창업 자금으로 활용하기도 했다. 졸업 후 한 통신서비스 제공업
체에서 소프트웨어 엔지니어로 직장생활을 시작했다.

전형적인 개발자들처럼 마화텅도 조용하고 차분한 성격을 지녔
다. 그는 2002년 처음으로 차를 사게 된다. 바로 볼보의 S80 모델인
데, 어떤 경쟁 자동차보다도 튼튼하고 안전한 차로 유명하다. 해당
에피소드는 누구보다 신중하며 안정성을 중요하게 여긴다는 그의
면모를 보여주는 사례다.

일론 머스크는 마화텅과는 완전히 대조되는 성격이다. 대중에 나
서길 좋아하고 자신의 일거수일투족을 트위터를 통해 공유하는 머
스크와 달리 마화텅은 은둔의 경영자로 이름이 나 있을 정도로 공
개석상에 나서는 걸 꺼려하고 사생활 역시 거의 알려진 바가 없다.
그는 스스로 회사 대표보다는 엔지니어로 불리는 걸 선호하는 '뼛
엔지니어'인 셈이다.

머스크가 베끼려는 위챗, 카피캣의 제왕

1998년 11월 26세의 마화텅은 엔지니어 4명과 함께 텐센트를 창업했다. 미국과 마찬가지로 중국에도 IT 붐이 불었고 그 기회를 포착한 것이다. 재미있는 것은 머스크가 미국판 위챗을 목표로 삼은 것과 비슷하게 당시 마화텅도 이러한 '카피캣 전략'으로 사업을 성공시켰다는 점이다.

그 시작은 인터넷 메신저 ICQ를 베낀 'QQ'였다. ICQ는 1996년 이스라엘 회사 미라빌리스Mirabilis가 개발한 1세대 인터넷 메신저다. 'I SEEK YOU'를 소리 나는 대로 줄여 만들어진 ICQ는 당시엔 존재하지 않던 온라인 1대1 대화 기능을 선보이며 시장의 눈길을 끌었다. 한국으로 따지면 네이트온과 비슷한 서비스가 세상에 출현한 것이다.

마화텅은 이 서비스를 그대로 모방한 OICQOpen ICQ라는 서비스를 1999년 중국에 출시한다. 누가 봐도 ICQ를 베낀 듯한 기능과 유사한 이름탓에 출시 초기에는 짝퉁 취급을 당했다. 마화텅뿐만 아니라 여러 회사에서 ICQ와 비슷한 서비스를 너나 할 것 없이 만들었기에 그런 서비스 중 하나로 취급받았다.

"우린 작은 회사였습니다. 성장을 위해 거인의 어깨 위에 올라탈 수밖에 없었죠. 하지만 생각했어요. 단순히 모방만 해서는

성공할 수가 없잖아요. 해외의 좋은 아이디어를 빌려오더라도 그걸 중국 상황에 맞게 바꿔야 한다. 그것이 저의 착안입니다. 현지화와 더 괜찮은 기능 추가하기, 그게 우리의 전략이었습니다."

여기서 마화텅의 사업가적 수완이 발휘된다. 기본적인 콘셉트는 그대로 가져왔지만 바로 기존 서비스에 없던 기능을 추가하고 중국인들이 편하게 사용할 수 있도록 현지화에 공을 들인 것이다. ICQ는 오프라인 친구에겐 대화를 걸 수 없다는 단점과 더불어 사용하는 컴퓨터가 바뀌면 친구 목록 등이 초기화되는 문제가 있었다. 이용자와 친구 정보가 PC에 직접 저장되다 보니 컴퓨터가 바뀌면 해당 정보가 모두 사라지기 때문이다. 마화텅은 OICQ에다 오프라인 친구에게도 메시지를 보낼 수 있도록 했다. 또 사용자 정보를 텐센트 서버에 저장시켜 컴퓨터가 바뀌어도 정보가 기억될 수 있도록 보완했다. 이후 매달 사용자들에게 필요한 기능을 지속적으로 업그레이드 해주자 사용자들의 만족도는 계속 올라갔고 입소문을 타고 OICQ는 3년 만에 1억 명에 가까운 사람들이 가입하며 압도적인 경쟁력을 선보인다.

원조보다 더 인기 있는 메신저가 된 OICQ를 ICQ가 지켜보고만 있지 않았다. 지적재산권 소송이 발생했고 당연히 텐센트는 패소했다. 하지만 OICQ는 QQ로 사명을 변경하며 위기를 빠져나갔고 이후 꾸준히 사용자가 늘어나기 시작했다. 다행인 것은 OICQ가 이미 중국인들 사이에선 QQ라는 별명으로 불리고 있었으며 사명 변경의 영향이 미미한 바람에 패소의 타격 없이 지속적으로 사업을 영위해나갈 수 있었다는 점이다.

사용자가 기하급수적으로 늘어가면서 마화텅의 고민이 깊어진다. 서비스 제공을 위한 비용은 나날이 늘어나는데 뾰족한 수익화 모델을 못 찾았기 때문이다. 메신저 서비스의 한계였다. 사실 소비자의 지갑을 열고 돈을 쓰게 하는 것은 사업가에게 가장 중요하면서도 어려운 숙제다.

싸이월드와 카카오, 텐센트의 성장을 돕다

2023년 현재도 트위터의 유료화 전환이 곳곳에서 잡음을 내고 있는 판국에 인터넷 초창기였던 당시 이용자들의 지갑을 열기란 더욱 쉽지 않은 일이었다. 여기서 다시 한 번 마화텅의 카피캣 전략이 기지를 발휘한다. 이번에는 한국의 싸이월드에서 착안했다. 2000년대 초반을 전후해 대한민국에서는 싸이월드 열풍이 불었다. 싸이월드에 접속하면 화면에는 내가 만든 나만의 공간이 생긴다. 사용자는 이 공간의 배경화면을 바꾸거나 배경음악을 까는 식으로 공간을 꾸미고, 이 공간에 자신의 일상 사진이나 평소의 생각을 공유한다. 또 댓글이나 인스턴트 메시지를 보내 친구나 가족들과 안

부를 주고받는다. 사실 최신 기술이자 미래 기술로 각광받는 지금의 메타버스 기술 콘셉트가 바로 싸이월드와 같은 것이다. 사이버 공간에선 '미니미'라고 불리는 캐릭터가 나를 대신한다. 사용자는 싸이월드의 가상화폐 도토리를 실제 돈을 주고 구입할 수 있다. 도토리를 이용하면 미니미의 옷을 사주거나 헤어스타일을 꾸밀 수 있다. 나만의 개성이 담긴 미니미를 만드는 데 사람들이 기꺼이 돈을 지불했다.

마화텅은 이러한 싸이월드의 성공을 직접 살펴봤고 이를 발전시켜 자신의 서비스에 접목시켰다. 그렇게 2003년 'QQ쇼'가 출시됐다. 캐릭터가 입는 가상의 옷이나 아이템으로 미니미를 꾸미는 싸이월드와 달리 QQ쇼는 실제 출시된 의류 브랜드의 제품을 가상공간에 맞게 옮겨와 자신의 아바타에 입힐 수 있도록 했다. 이 아이디어는 대박이 났다. 특히 사용자들이 자신들의 캐릭터를 꾸미기 위해 돈을 쓸 뿐만 아니라 수억 명의 사용자들에게 브랜드 노출을 원하는 의류회사들이 줄을 섰다. 싸이월드의 전략을 발전시켜 접목한 카피캣 전략이 완전히 들어맞은 것이다.

그렇게 성공가도를 걸으며 QQ는 중국인들의 필수 메신저 프로그램으로 자리매김했다. 중국인이라면 대부분 사람들이 QQ 아이디를 핸드폰 번호처럼 갖고 있었다. 수억 개의 QQ 아이디는 텐센트가 슈퍼앱을 꿈꾸기 위한 가장 기본적이고 핵심적인 무기가 됐다. 2009년 QQ는 10억 명의 사용자를 확보했다.

하지만 마화텅은 그곳에 머무르지 않았다. 인터넷이 보급되기 시작한 2000년대 초반을 지나 2010년대에 진입하며 스마트폰이라는 새로운 폼팩터가 등장했기 때문이다. 곧바로 PC 시장 강자들의 위기가 시작됐다. PC와 SW 시장에서 적수가 없던 MS는 스마트폰 시장에서 갈피를 잡지 못하고 헤맸다. 모바일 시장에서는 2009년 출시된 왓츠앱이 모바일 메신저의 대장으로 등극하며 완전히 새판을 주도했다.

한국에서도 PC 시장의 메신저 최강자인 네이트온이 쇠락의 길을 걷고 있었고 모바일 메신저 시장의 전국시대가 열렸다. 그리고 마화텅 앞에 또다른 '창조적 모방'의 대상이 나타났다. 한국의 국민 메신저 카카오톡이다.

카카오톡은 2010년 3월 처음 출시됐다. 핸드폰으로 메시지를 보낼 때마다 과금되는 문자메시지와 달리, 인터넷만 연결되면 무료로 메시지를 보낼 수 있는 모바일 메신저의 등장은 통신 업계의 수익구조를 완전히 뒤바꾸는 게임체인저였다. 카카오톡은 1대1 채팅에서 시작해 그룹채팅, 사진, 동영상 전송 등 기능 등을 추가하며 스마트폰이 PC를 대체할 수 있다는 가능성을 점진적으로 보여줬다. 그리고 마화텅은 과감한 결정을 내린다. 카카오톡이 막 출시된 2010년, 720억 원을 들여 지분 13.3%를 확보해 카카오톡의 2대 주주가 됐다. 그만큼 카카오톡의 성장 가능성에 확신을 갖고 사업 모델을 예의주시했다. 그리고 이듬해인 2011년 1월 중국판 카카오톡인 위챗이 세상에 탄생한다. 위챗은 인스턴트 메신저로서의 기능에 충실하면서 QQ 때와 마찬가지로 사용자들의 니즈에 맞게 업데이트를 해주며 국민 모바일 메신저로 등극한다. 출시 3년 만인 2014년 5억 명의 사용자를 돌파한 위챗은 2018년 10억 사용자를 넘겨 2023년 13억 명의 가입자를 확보하고 있다. 물론 중국과 대만 등 대부분 중화권에서 사용이 이뤄지고 있지만 내수시장만으로도 사업을 펼쳐나가는 데 전혀 부족함이 없다.

Chapter 5

우주개발

막대한 부를 가져다 줄
우주개발 사업

　페이팔 매각으로 억만장자가 된 일론 머스크는 벌어들인 돈을 고스란히 새로운 사업에 투자한다. 이때 탄생한 기업이 바로 테슬라와 스페이스X다. 머스크는 매각자금 중 1억 달러를 투자해 2002년 스페이스X를 설립한다. X.com에 이어 스페이스X에 그의 두번째 X가 등장한다. 지금의 'X성애자' 머스크의 면모는 스페이스X에서도 엿보인다.

　스페이스X의 사업영역은 크게 3개로 구분할 수 있다. 사람과 화물들을 싣고 우주에서 작전을 수행하거나 업무를 완수해야 할 우주선 그 자체를 개발하는 사업, 화물 또는 사람을 태운 우주선이나 각종 위성장비 등을 우주로 발사하기 위한 우주 발사체 개발 사업, 그리고 4만여 대의 위성을 무선 기지국으로 구축해 통신 서비스를 제공하는 저궤도 통신망 사업이다. 스페이스X는 유인 우주선 '드래곤' 시리즈와 발사체 '팰컨' 시리즈, 그리고 우주선과 우주발사체를 통합한 '스타십 발사 시스템'을 보유 중이다.

저궤도 통신망 사업은 그 유명한 '스타링크'다. 지금은 각각의 분야에서 성과를 내놓고 시장 선도적인 기술력을 선보이고 있지만 스페이스X는 험난하다 못해 혹독한 성장통을 겪었다.

그 과정은 반전 드라마의 연속이다. SF영화에서나 가능한 일들을 사업 목표로 세우고 거듭된 실패로 비웃음을 사며 파산 위기까지 처했지만 극적인 성공으로 반전의 계기를 마련한 뒤 세계 최초이자 최고의 민간 우주개발 기업으로 자리잡았다.

우주적인 기업가의 탄생

머스크는 실리콘밸리의 치열한 경쟁과 여러 차례 배신으로 염증을 느낀 상태였다. Zip2와 페이팔의 성공적 매각 뒷편의 어두운 면들로 지쳐있던 머스크는 우주 산업과 방산 산업이 발달돼 있던 LA로 이사하며 환경을 바꾸는 것을 택한다. 이곳에서 그는 어릴 적부터 꿈꿔왔던 과거의 기억들을 상기시키며 새로운 구상을 시작한다.

머스크는 어릴 적부터 칼 세이건의 《코스모스》를 수십 번 읽으며 무궁무진한 우주세계에 대한 상상력을 펼쳐왔다. 그리고 학부시절에도 전공보다는 친환경 태양광 에너지, 전기자동차, 그리고 우주 산업 등에 지대한 관심을 가졌다. 개인적으로 관련 서적을 탐닉하고 관련 논문 등을 자주 살펴봤다.

이 3가지 주제에 대한 관심은 현재 각각 솔라시티, 테슬라, 스페이스X라는 회사로 구체화돼 머스크의 주요 사업으로 자리매김했다. 각 분야는 서로 시너지를 내고 있는 상태다. 세 회사가 주도하는 혁신은 기존 주류 산업의 구도에 균열을 가져오고 있으며 친환경, 탈지구적 성격을 가졌다. 특히 우주 산업은 개인이나 일개 기업이 해낼 수 없는 범국가적 산업 영역으로 분류돼 왔지만 머스크는 이러한 고정관념을 깨트리고 화성 이주라는 도발적인 목표를 갖고 한 발 한 발 앞으로 걸어가고 있는 상황이다.

실제 머스크는 현재 인류에 의해 오염되고 있는 지구를 되살리기 위해 전기차라는 기존의 틀을 깨트린 자동차 플랫폼을 선보이며 파괴적 혁신가의 대명사가 됐다. 스페이스X는 그러한 혁신의 범주를 넘어 비상식적이고 상상 불가능한 영역의 성과를 내놓으며 전 인류에게 놀라움을 선사하고 있다. 놀랍게도 스페이스X는 테슬라보다 1년 앞선 2002년부터 시작돼 벌써 20년 넘게 현재진행형으로 이어지고 있다.

머스크도 처음부터 창대한 꿈을 꾼 것은 아니었다. 자그마한 식물을 화성으로 보내, 이 식물들이 화성에서 생존할 수 있을지, 어떻게 자라는지 관찰하고 추적하는 '화성 오아시스' 프로젝트가 그 시작이었다. 이를 통해 잠깐 잊고 있었던 우주개발에 대한 관심을 상기시켰다. 프로젝트 실행을 위해 그는 직접 러시아로 건너가 화성으로 식물들을 보내기 위해 저렴하고 성능 좋은 우주발사 로켓을 구입하려 했다. 하지만 터무니없이 비싼 금액을 제시받고 결국 빈손으로 돌아오게 됐다. 머스크는 비행기 안에서 로켓 생산비용을 계산해봤다. 그리고 로켓 판매가의 10분의 1 이하로 제작할 수 있겠다는 판단을 한다. 그렇게 스페이스X 구상이 본격화됐다.

재미있는 것은 테슬라 생산에도 적용된 수직공정화와 플랫폼 개발 방식이 스페이스X에도 유사하게 적용됐다는 것이다. 모든 부품을 생산업체로부터 받아와 하나하나 조립하는 대신 필요 부품을 직접 만들고 이를 한꺼번에 제작하는 등 생산 효율성을 극대화하는 여러 공정을 적용했다. 효율성을 중시하는 머스크의 성격이 제조업에서 가장 중요한 공정 효율화에 큰 도움이 된 셈이다. 그럼에도 불구하고 우주관련 지식이나 전문성이 전무했던 머스크에게 우주개발은 무척 어려운 일이었다. 전기차는 배터리를 중심으로 한 제조 혁신이 가장 잘 어울리는 분야였지만 로켓을 만드는 일은 아예 차원이 다른 일이었다.

머스크는 첫 로켓발사체 '팰컨1' 개발에 착수한다. 처음부터 무리하게 큰 로켓을 만드는 대신 현실적으로 제작 가능한 수준의 로켓을 개발하기로 했다. 그렇게 탄생한 것이 바로 팰컨1이다. 하지만 2006년 첫 발사에 도전해 실패한 팰컨1은 이어 2007년과 2008년에 각각 제 2차, 3차 발사 모두 실패했다. 야심차게 시작했던 초반과 달리 연전연패하며 사실상 프로젝트가 실패로 막을 내릴 위기였다. 게다가 2008년 당시 글로벌 금융위기의 그림자가 짙게 드리우며 회사는 파산 위기까지 직면하며 최악의 상황을 맞이한다. 벼랑 끝에 처했던 스페이스X는 3차 실패 한 달 후인 2008년 9월 기적적으로 4번째 도전 끝에 처음으로 정상적인 발사에 성공하며 반전의 기회를 얻는다.

이는 국가기관을 제외하고 민간기업 최초의 우주 로켓 발사 성공이었다. 역사적인 성공 이래 스페이스X는 최초의 역사를 써내려간다. 팰컨1의 후속작 팰컨9은 2010년 첫 발사된 이래 지금도 스페이스X의 주력 우주 발사체 역할을 해내고 있다. 팰컨9은 세계 최초의 재사용 발사체로 기록되고 있다. 이 덕분에 가장 많은 비용이 드는 발사체 제작 비용을 크게 낮추는 데 큰 공헌을 했고 이는 지금의 스페이스X를 만드는 데 결정적 계기가 됐다.

팰컨9의 1단 로켓은 2015년 12월 추운 겨울에 처음으로 발사 후 스스로 육상 착륙에 성공한다. 기존 우주 발사체는 우주선을 발사시키기 위한 추진력을 제공한 뒤 스스로 추락해 그냥 버려지는 쓰레기에 불과했지만 팰컨9의 1단 로켓은 목표 달성 후 스

팰컨9

출처=스페이스X 홈페이지

스로 비행해 지정한 목적지에 착륙할 수 있었다. 이러한 뛰어난 혁신으로 수백만 개의 부품이 사용된 1단 로켓을 고스란히 회수할 수 있다. 육상 착륙에 이어 해상 착륙에도 성공하자 스페이스X는 2017년 3월 세계 최초로 재사용 팰컨9 발사체를 이용한 로켓 발사에 성공하며 역사적인 재활용 로켓 시대를 본격적으로 열었다. 이후 지속적으로 기술을 발전시켜 2018년 '팰컨

9 블록5'라는 완성형 모델을 개발한 후 지금은 3~4일마다 로켓을 쏘아올리며 가장 많은 로켓을 우주에 쏘아올린 기업의 역사를 이어가고 있다. 현재 팰컨9 블록5의 가격은 6,200만 달러(한화 약 700억 원)에 달한다. 2023년 9월 17일 기준, 팰컨9은 발사 255회, 1단 로켓 착륙 211회, 1단 로켓 재사용 186회의 기록을 달성하고 있다.

이러한 숫자는 앞으로 더욱 가파르게 증가할 것으로 보인다. 스페이스X는 엔진 27개를 장착한 초대형 발사체 팰컨 헤비도 개발해 현재 운용 중이다. 팰컨 헤비는 개발 도중 테슬라의 첫 전기차 로드스터를 매달아 우주로 날려버리는 퍼포먼스를 한 것으로도 유명하다. 또 현재 개발이 한창인 스타십 발사 시스템은 스페이스X의 우주 발사체의 궁극적 목표로 달과 화성탐사 등 머스크가 꿈꾸는 미래 기술을 집약할 것으로 기대를 모으고 있다.

이와 더불어 화물 우주선 드래곤1과 유인 우주선 드래곤2는 스페이스X의 우주선 개발 역량도 증명했다. 크루드래곤이라고도 불리는 드래곤2는 인류 최초로 지구 궤도에 진출한 유인 우주선이자 국제우주정거장에 우주인을 보낸 최초의 우주선이란 기록도 세웠다. 앞으로 스타십 프로젝트로 우주 발사체와 우주선 개발이 통합될 예정이다. 화성으로 향하겠다는 머스크의 꿈도 조금씩 현실화되어 가는 분위기다. 물론 아직 갈 길이 멀지만 말이다.

저궤도 위성사업, 스타링크

우주개발과 별도로 스페이스X의 위성통신 사업, 스타링크의 성장도 눈에 띈다. 스타링크는 지구 상공에 4만여 대의 인공위성을 쏘아올려 지상의 기지국 설치 없이 최대 1Gbps의 고속 무선 통신을 제공하는 저궤도 통신망 사업이다. 지상에서부터 500km 안팎의 높이를 중심으로 1세대 위성 1만 2,000여 개와 2세대 위성 3만여 개를 2030년까지 쏘아올린다는 목표다. 2023년 1분기까지 1세대 3,460여 대, 2세대 230여 대가 발사됐다. 지금 이 순간에도 스타링크 위성이 발사되고 있거나 발사 준비를 하고 있거나 발사한 뒤 가동을 준비 중이다.

스타링크는 고속 유선 인터넷 공급이 어려운 지역에 기지국이나 복잡한 장비 설치 없이 고속 인터넷을 제공하기 위한 용도로 개발됐다. 서울과 같은 도심의 경우 기본적인 유선 고속 통신 인프라가 충분히 구축돼 있는 반면 시골이나 산과 같은 오지의 경우 그렇지 않은 경우가 많다. 특히 국내보다 훨씬 큰 미국의 경우 실제 다녀보면 서부 사막지역을 포함해 여전히 미개발인 상태로 사람들이 살고 있지 않은 지역도 무수히 많은데 이런 곳까지 굳이 인터넷 인프라를 설치하기에는 투자 대비 효용이 크게 떨어질 수밖에 없다. 미국 내 이런 지역을 비롯해 아예 국가 기간 통신망조차 제대로 구축되지 못한 아프리카 지역 등지에서는 저궤도 통신망의 활용가능성이 클 수밖에 없다.

또한 지진, 홍수, 태풍 등 자연재해로 인해 인터넷망이 파손되거나 작동하지 않을 경우 임시방편으로 이를 복구하기 전 사용할 수 있는 무선통신망으로도 충분히 이용할 수 있다. 최근 러시아–우크라이나 전쟁에서도 우크라이나가 러시아의 공격으로 통신망이 훼손되자 이 스타링크를 이용해 인터넷망을 복구하고 각종 군사 지원과 보급품 배급, 뉴스 전파 및 정보전에 요긴하게 쓰이기도 했다.

다만 말 그대로 저궤도 통신망이다 보니 각 위성당 유효범위가 좁아 원할한 이용을 위해서는 위성의 개수가 많아야 한다는 단점이 있다. 기존 위성통신은 적은 위성을 통해 넓은 지역을 커버하는 만큼 고속 통신에 제약이 생겼고 이를 극복하기 위한 고속 저궤도 통신망 특성상 계획대로라면 4만 개 이상의 위성이 하늘을 날아다녀야 하는 것이다. 이는 나머지 모든 민간 위성을 모두 합친 수를 압도하는 수준으로 일종의 위성공해를 불러일으킨다는 우려도 낳고 있다.

스타링크는 그간 인프라 구축을 위한 막대한 비용을 투자해왔고 2023년 들어 본격적인 성과가 나오고 있다. 스페이스X는 2022년까지 매년 적자를 면치 못했다. 스타링크를 사용하기 위한 개인용 안테나 단말기 가격이 약 600달러인데 초기 제작비만 3,000달러에 달했다. 또한 현재까지 수천 개의 스타링크 위성을 쏘아올려 인프라를 구축했고 이를 쏘아올리기 위한 로켓 발사체의 비용도 오롯이 스페이스X가 감당해왔다. 자사의 로켓추진체 팰컨9으로 자사의 인공위성을 쏘는 것은 그나마 다행인 일이다. 그리고 이제 안테나 단말기 제작비는 600달러 미만으로 떨어졌으며 이용자 수도 제법 늘어난 것으로 확인됐다.

스타링크는 2023년 5월 기준 이용자가 약 150만 명이 넘는다고 밝혔다. 〈월스트리트저널〉 보도에 따르면 스타링크의 2022년 매출은 14억 달러를 기록해 2021년(2억 2,200만 달러) 매출을 훌쩍 뛰어넘었다. 하지만 자본 지출은 32억 달러를 기록하며 여전히 붓는 돈이 더 많은 사업이었다. 하지만 2023년이 흑자를 기록하는 원년이 될 것으로 보이고 향후 성장세는 더욱 뛰어날 것으로 기대된다. 스타링크는 오지나 벽지뿐만 아니라 캠핑용 자동차 서비스, 선박이나 비행기 전용 서비스 등도 내놓으며 그 활용도를 지속적으로 확장해 나가고 있다. 한국에도 2023년 4분기부터 본격적인 서비스 제공이 예정되어 있어서 향후의 영향에 대한 관심도 뜨겁다.

세계 최대 비상장회사 스페이스X

머스크의 스페이스X는 세계 최대규모의 비상장기업으로 불린다. 2023년 6월 〈블룸버그〉는 스페이스X가 기업가치를 1,500억 달러(한화 약 197조 원)로 평가받았다고 보도했다.

스페이스X는 주당 80달러로 평가받으며 기업가치가 1,000억 달러 이상을 말하는 '헥토콘 기업'으로 불리고 있다. 전 세계적으로 헥토콘 기업으로 불리는 기업은 틱톡을 운영하는 바이트댄스와 스페이스X가 유이하다. 머스크는 기업의 안정적인 수입과 자유로운 경영환경을 가져가기 위해 당분간 비상장 회사로의 운영을 이어갈 방침이다. 머스크는 트위터 역시 인수 직후 비상장회사로 전환하며 장막 뒤의 경영을 택한 바 있다. 머스크는 최첨단 기술의 결정체이자 무궁무진한 성장 가능성과 미래가치를 보유한 스페이스X의 퀀텀 점프를 은밀하게 고도화해나갈 방침이다.

특히 창사 이래 첫 흑자를 기록하며 본격적으로 사업이 수익구간으로 진입한 만큼 투자자들 입장에서는 언제쯤 스페이스X가 상장할지 초미의 관심사다. 일각에서는 스타링크를 분사해별도 상장할 것이란 관측도 나오는 가운데 기업공개IPO 시점에 따라 스페이스X의 미래 투자 전략과 마스터플랜에도 큰 영향을 미칠 것으로 예상된다. 머스크 역시 최소 3~4년 이상은 상장계획이 없다고 밝힌 만큼 좀 더 인내심을 갖고 바라봐야 할 듯하다.

오히려 스페이스X는 경쟁사를 압도하는 기술력을 내세워 여유를 부리고 있는 실정이다. 무리한 상장에 나설 만큼 급할 것도 없기 때문에 오히려 경쟁사들을 도와주고 있다. 스페이스X는 최근 캐나다의 위성통신업체 텔레샛의 인터넷용 위성 '라이트스피드'를 자사의 발사체로 쏘아주는 계약을 맺었다. 스타링크를 일주일에 두 차례씩 우주로 쏘아올리느라 바쁜 스페이스X지만 경쟁사의 위성도 함께 올려주는 너그러운 모습을 보이고 있는 것이다. 당연히 이는 스페이스X에 돈을 벌어다주기 때문에 이뤄졌다. 오는 2026년부터 총 14회에 걸쳐 쏘아 올릴 예정으로 최대 18개의 라이트스피드 위성을 하늘 위로 내보낼 예정이다. 라이트스피드 역시 저궤도 인공위성으로 스타링크의 잠재적 경쟁자지만 스페이스X에게는 전혀 위협이 되지 못하는 분위기다. 계약 조건이 알려지진 않았지만 대략 9억 달러 이상의 수익을 가져다줄 것으로 보인다.

스페이스X 입장에서 보면 잘 만든 로켓발사체 하나가 밖에 나가 요긴하게 돈벌이를 해오는 효자노릇을 하는 셈이다. 문제는 이러한 로켓 발사체 기술에서는 스페이스X를 따라갈 민간기업 자체가 잘 보이지 않는 만큼 당분간 해당 시장에서 스페이스X의 독주가 지속될 것으로 보인다는 점이다. 텔레샛은 2027년부터 글로벌 인터넷 서비스를 시작할 방침인데, 이미 50여 개 나라에서 서비스를 제공하고 있는 스타링크 입장에서 겁날 이유가 하나도 없을 것으로 보인다.

견제하는 경쟁사,
국가와 맞붙는 머스크

전쟁의 승패까지 좌우하는 통신 기술

각 산업분야에서 여러 라이벌과 각축전을 벌이고 있는 머스크에게 우주개발은 그 경쟁상대의 급을 달리한다. 미국 정부를 비롯한 국가들이 머스크의 스페이스X를 견제하고 있기 때문이다. 스페이스X의 진가는 최근 러시아-우크라이나 전쟁에서 확인됐다. 저궤도 무선통신 서비스 스타링크는 예상치 못했던 전쟁으로 인해 그 모습이 빛을 보았다. 스타링크가 전쟁의 판도를 뒤바꿨다는 표현이 나올 정도로 중요한 터닝 포인트가 됐기 때문이다. 전쟁으로 모든 기간망이 파괴된 국가에서 통신을 연결하는 안테나 외에 아무런 설비가 필요없는 스타링크의 파괴력은 무시무시했다. 일론 머스크는 전쟁 발발 직후 3,670개의 스타링크 단말기를 우크라이나로 보냈고 미국 정부 역시 1,330개를 추가로 구입해 힘을 보탰다. 스타링크는 우크라이나 군의 실질적인 통신 시스템으로 작동해 각종 군사전략을 수행하고 물자 배급에 활용되며 그 효과를 극대화했다. 또한 전쟁 소식을 실시간으로 SNS 등에 게재할 수 있도록 도와 군대의 사기를 진작시켰고, 심리전에 이용해 압도적인 정보격차로 한순간에 무너질 뻔한 우크라이나의 든든한 힘이 됐다.

하지만 머스크는 이러한 통신망 제공이 추후 확전으로 이어질 것이라는 우려 끝에 일부 우크라이나의 군사작전에는 통신 서비스 제공을 거부하며 전쟁에 영향력을 행사했다. 미국 정부 역시 국가기관이 아닌 기업에 불과한 스타링크에 무조건적인 서비스 제공을 강요하지 못했고 이는 머스크가 쥐고 있는 막강한 영향력을 분명하게 보여준 사건으로 평가된다. 이 사건은 그간 그가 보여준 혁신과는 차원이 다른 수준으로 그가 지닌 절대적인 힘들 고스란히 입증했다.

전쟁의 판도까지 바꾸는 머스크의 영향력에 대해 미국뿐만 아니라 여러 국가들이 직접 우려를 표하기도 했다. 인프라 산업인 위성통신 기술을 독차지한 머스크가 가진 영향력이 일개 개인이나 기업이 갖고 있기에는 너무나 막강하기 때문이다.

수백만 명이 매일 사용하는 테슬라 전기차의 정보, 수억 개의 정보가 오가는 X의 데이터, 그리고 전 세계로부터 쏟아지는 스타링크발 정보들을 머스크가 사실상 사유화하고 있다는 지적은

끊임없이 나오고 있다. 머스크 스스로 이러한 데이터가 자신의 힘이자 자산이라고 강조하는 상황에서 이런 데이터를 통합한 슈퍼앱이 출시될 경우 머스크의 영향력은 더욱 높아질 것으로 전망된다.

국가 경쟁 산업이 된 위성사업

스타링크의 존재감을 체감한 각국은 자체적으로 저궤도 통신망 구축에 나서고도 있다. 중국은 '국가 네트워크(귀왕) 프로젝트'를 추진하며 1만 2,992개의 위성을 우주에 쏘아올릴 계획을 세웠다. 미국이 중국 기업들의 글로벌 서비스와 각종 SNS 앱 등을 금지하고 있는 상황에서 미국 기업이 중국에 협조적인 모습을 보이기 어렵다. 통신망 역시 스타링크와 같은 미국 기업의 서비스를 사용하지 못할 것이 뻔한 상황이다. 이에 중국 자체적으로 저궤도 통신망을 구축해 만약에 대비하는 전략을 택한 것이다.

대한민국 정부 역시 4,800억 원의 연구개발 예산을 투자해 2030년까지 저궤도 위성통신을 구축한다는 청사진을 그리고 있다. 정부는 2030년이면 2,162억 달러 규모로 시장이 형성될 것으로 예상하며 이중 30억 달러 규모의 수출을 달성하기 위한 전략적 투자에 들어가겠다고 밝혔다. 다만 스타링크와 같이 수만 대 규모의 위성 시스템을 구축하는 것이 아닌 최소한의 위성을 발사한 뒤 소재, 부품, 장비(소부장) 기업을 육성하겠다는 방침이 다. 이처럼 스페이스X는 단순히 우주개발에 나선 하나의 기업 으로 치부되는 정도가 아니라 전쟁을 좌지우지하고 정부의 통신 정책과 직접 경쟁이 가능한 수준을 갖추고 있다.

저궤도통신 산업의 가장 큰 경쟁자는 2012년 창업한 영국의 위성 인터넷 스타트업 원웹OneWeb이 대표적이다. 2023년 9월 현 재 기준 600여 개의 위성을 쏘아올린 원웹은 2023년 본격적으로 서비스를 시작하며 스페이스X에 도전장을 던졌다. 2019년 첫 위성을 쏘아올린 뒤 4년 동안 꾸준히 위성을 지구 밖으로 내보냈 다. 2020년 코로나19 대유행 등으로 인한 자금난으로 파산할 뻔 했지만 영국 정부가 지분 45%를 10억 달러에 인수하며 회생에 성공했다. 한화시스템이 3억 달러를 투자하며 주요 이사회 멤버 로도 참여하고 있다. 스페이스X가 안테나를 매개로 직접 위성서 비스를 개인고객 등에 제공하는 것과 달리 원웹은 통신사업자와 계약을 맺고 이를 통해 서비스를 제공하는 것이 특징이다.

그리고 우주개발 경쟁에서 일론 머스크의 최대 라이벌이라 부 를 수 있는 제프 베조스의 아마존 역시 저궤도 통신 서비스를 제 공하는 '카이퍼 프로젝트'를 준비 중에 있다. 3,200개 이상의 저

블루 오리진의 뉴글렌

궤도 위성을 발사하며 안테나 역시 스타링크보다 20% 이상 저렴한 400달러 미만으로 생산할 방침이다. 미국 연방통신위원회 FCC의 승인을 받은 카이퍼 프로젝트는 이미 100억 달러 이상을 투자할 계획을 세웠으며 미국 이동통신사 버라이즌과 손잡고 지상 기지국과의 연동도 추진 중이다. 저궤도 통신 산업은 앞으로 우주개발 경쟁의 핵심축으로 향후 스페이스X의 독주를 어떤 기업이 제동걸 수 있는지가 관전포인트다.

아마존은 왜 우주개발에 나섰나

우주개발은 부자들의 공상을 현실로 만들어주는 취미일까, 미래를 바라보는 선구자들의 인사이트 실현일까?

일론 머스크와 더불어 민간 우주개발 분야의 최고 라이벌은 다름 아닌 전자상거래 공룡 아마존의 창업가 제프 베조스다.

"지구를 이롭게 하기 위해 사람들이 우주에서 살도록 하자"라는 모토를 내세운 블루 오리진은 제프 베조스가 창업한 우주개발 기업이다. 2002년 창업한 스페이스X보다 무려 2년이 앞선 2000년 창업한 블루 오리진 역시 우주 발사체, 우주선, 로켓엔진, 저궤도 위성통신 등 스페이스X가 하고 있는 모든 사업군에 진출해 경쟁을 펼치고 있다. 시작은 스페이스X보다 빨랐지만 블루 오리진은 현재 2등 기업으로 스페이스X를 쫓고 있다. 이는 엄연한 현실이다.

블루 오리진의 우주 발사체 '뉴글렌'은 2012년부터 개발이 시작됐지만 아직까지 시험 운행을 진행 중으로 2024년 3분기 발사를 목표로 하고 있다. 이미 시험 비행 후 발사체 수거, 10회 이상 재사용

등 각종 기록을 세우며 활발하게 운영 중인 스페이스X의 팰컨9과 그 격차가 크다. 앞서 언급한 텔레샛 역시 블루 오리진의 뉴글랜을 이용해 위성을 발사할 계획이었지만 뉴글랜의 준비가 더디자 어쩔 수 없이 팰컨9을 택했다.

그나마 우주관광을 목표로 제작한 블루 오리진 우주캡슐과 발사체 뉴세퍼드는 2021년 제프 베조스가 직접 탑승한 시험 운영에 성공하며 수익을 가져다줄 것으로 기대를 모으고 있다. 최근 무인 우주선의 사고로 잠정 중단되긴 했지만 블루 오리진은 조만간 다시 우주관광 프로젝트를 재개할 방침이다. 하지만 베조스가 꿈꾸는 종착지가 우주관광이 아닌 만큼 그 미래에 대한 베팅은 좀 더 지켜봐야 할 듯하다.

질긴 악연의 머스크와 베조스

블루 오리진이 스페이스X보다 설립이 빨랐다는 점만 놓고 봐도 제프 베조스의 우주에 대한 관심은 무척 커 보인다. 둘 다 세계적으로 손꼽히는 부자인데다 워커홀릭이고 완벽주의자 기질까지 비슷한 두 경영자의 우주개발 행보는 항상 비교대상이다. 또한 전기차와 전자상거래 시장의 압도적 1위 기업을 이끌고 있던 머스크과 베조스는 완전히 겹치는 우주개발 산업에서는 한치의 양보없이 육탄전을 펼치며 20년 넘게 선의의 경쟁을 펼쳐오고 있다. 대표적으로 로켓 발사체의 회수 기술과 관련해 블루 오리진이 특허등록을 통해 독점적 지위를 갖자 스페이스X는 이를 깨트릴 증거들을 수집해 소송을 걸어 결국 특허를 무효화했다. 반대로 케네디 우주센터가 있던 곳으로 유명한 미국 플로리다주의 케이프 커내버럴 발사장의 일부를 스페이스X가 미국항공우주국NASA으로부터 장기임대하자 블루 오리진 측에서 부당한 독점 계약을 이유로 소송을 걸기도 했다. 두 기업은 각종 기술 경쟁 때마다 서로 비교하거나 경쟁사를 깎아내리는 등 치열한 라이벌리를 구축하며 경쟁을 벌여왔다. 다만 로켓 발사체 개발에서 기술 경쟁력 격차가 본격적으로 벌어지기 시작하면서 현재는 스페이스X의 판정승 구도가 형성된 상황이다.

두 기업의 정면 대결의 성적표는 스페이스X의 2전 2승이다. 2012년 미국 정부가 국제우주정거장에 미국인 우주비행사들을 수송하는 '상업 승무원 수송 프로그램'에서 처음으로 맞대결이 펼쳐졌다. 러시아 기술을 이용해 우주인을 나르던 미국 정부가 예산 등을 이유로 민간 우주업체를 활용해 화물과 승무원의 이송을 추진한 프로젝트다. 당초 블루 오리진과 스페이스X를 포함해 보잉, 시에라 네바다 코퍼레이션 등이 경쟁했으나 결과적으로 블루 오리진은 탈락하고 최종적으로 스페이스X와 보잉이 선발된다. 26억 달러짜리 계약을 따낸 스페이스X는 유인 우주선 크루 드래곤으로 프로젝트를 성공적으로 마친다. 첫 진검승부에서 스페이스X가 압승을 거둔 셈이다.

이어 2017년 미국 정부가 민간 기업들과 협력해 주도하는 유인 달탐사 계획 '아르테미스 프로그램'을 발표하면 2라운드가 펼쳐진다. 아르테미스 프로그램에서 로켓 발사체로는 스페이스X의 팰컨 9, 팰컨 헤비, 스타십이 ULA의 벌컨 센타우르와 로켓 랩의 일렉트론 로켓과 함께 선정됐다. 반면 블루 오리진은 포함되지 못했다.

특히 둘의 대결은 달 탐사의 하이라이트라 할 수 있는 유인 착륙선HLS 선발 과정에서 화룡점정을 찍는다. 최종 후보 3개 업체 중 두 곳이 바로 스페이스X와 블루 오리진이었다. 이를 간 블루 오리진이었지만 이번에도 스페이스X가 블루 오리진이 록히드마틴 등과 협력한 내셔널팀을 누르고 최종 선발되며 또다시 굴욕을 선사했다. 스페이스X는 무엇보다 타 경쟁사보다 저렴한 예산과 수백 차례의 실전 경험에 바탕한 검증된 엔진 기술 등이 특장점으로 손꼽혔다. 당시 스페이스X의 응찰가격은 블루 오리진(60억 달러)의 절반 수준인 29억 달러였다. 기술 경쟁력뿐 아니라 가격 경쟁력까지 뒤진 셈이다. 그러나 블루 오리진은 순순히 패배를 인정하지 않았다.

유인 착륙선 선정 이후 블루 오리진은 이 역시 부당한 선정이라며 미국 회계감사원에 재심사를 요청하며 반발했다. 베조스는 만약 재선정시 20억 달러의 비용 할인이 가능하다고 NASA에 역제안을 하기도 했다. 그러나 이는 받아들여지지 않았다.

다행히 2년이 지난 2023년, 추가적인 달 착륙선 선정 작업을 통해 블루 오리진은 제 2기 HLS로 선정되며 전화위복의 기회를 얻었다. 블루 오리진은 2029년 예정된 아르테미스 5호 프로젝트의 유인 달탐사 착륙선으로 34억 달러를 지원받았다. 블루 오리진 입장에서는 이번 기회를 발판 삼아 그간 뒤졌던 자사의 우주개발 기술력을 한층 발전시켜 스페이스X를 따라잡을 절호의 기회를 잡은 것이다.

머스크와 베조스의 우주전쟁은 어쩌면 지금부터 시작일 수 있다.

Chapter 6.

반도체 전쟁

자체 칩 개발에 몰두하는
테슬라

부상하는 화웨이, 고심하는 삼성

중국의 화웨이는 2023년 8월 29일 최신 스마트폰 '메이트60 프로'의 공개행사를 열었다. 이때는 마침 지나 러몬도Gina Raimondo 미국 상무부장관이 미국과 중국의 갈등 중재를 위해 중국을 방문 중이었다. 마치 일부러 중국의 기술력을 뽐내기라도 하듯 절묘한 타이밍의 발표였다. 화웨이의 최신 스마트폰 깜짝 발표는 미·중 갈등 봉합 분위기에 찬물을 끼얹었다.

미국의 중국 제재의 핵심이 바로 반도체 규제다. 미국은 중국으로의 반도체 첨단장비의 반입을 금지시키고 국익에 피해가 될 만한 핵심 반도체의 수출을 막았다. 모든 산업의 핵심 자원인 반도체가 공급되는 길을 원천 차단해 사실상 중국을 고립시키는 정책을 미국 내 기업들과 동맹국들에게 요구했다. 이에 대해 일부 전문가들은 자칫 중국 스스로 기술 경쟁력을 강화해 자강의 길을 갈 수 있는 기회를 열어줄 것이라는 우려를 제기했다. 그리고 그 우려가 현실이 된 사건이 바로 메이트60 프로 스마트폰의 등장이다. 화웨이는 스마트폰의 두뇌격인 애플리케이션 프로세서AP로 7나노급 반도체 '기린9000s'를 탑재했는데 그 성능이 예상보다 훨씬 좋았다. 미국에서는 우려했던 대로 규제가 오히려 중국 기술력을 드높였다는 비판론이 불거졌다. 또한 강력한 규제에도 불구하고 미국 기술이 사용된 것이라며 철저한 조사가 필요하다는 주장까지 쏟아졌다.

화웨이는 기술력으로 주목받은 반면, 삼성전자는 큰 고민에 빠져있다. 2024년 출시될 삼성전자의 갤럭시S 24 출시가 다가오는 가운데 자체 개발한 모바일 AP '엑시노스' 탑재 여부가 정해지지 않은 모양새다. 삼성전자는 엑시노스와 미국 반도체 기업 퀄컴이 개발한 '스냅드래곤' 칩을 같이 사용해왔다. 하지만 갤럭시S 23에는 엑시노스를 배제한 채 100% 스냅드래곤을 탑재했다. 설계와 생산 등 문제가 발생하며 리스크 관리 차원에서 빼버린 것이다. 그로 인해 삼성전자는 AP 구입비용이 70% 이상 늘었다.

반면 최근 아이폰15 시리즈를 출시한 애플은 자체 개발한 A17 시리즈를 적용하며 애플의 기술 경쟁력을 한껏 뽐냈다. 오직 애플제품을 위해서만 개발된 애플의 AP는 역사와 전통과 더불어 뛰어난 성능을 자랑하며 애플의 심장부를 자청한다. 특히 직접 개발해 전부 사용해버리기 때문에 당연히 타 경쟁사에 판매할 이유도 없다. 성능 좋은 칩을 다른 기업들이나 제품들에서 쓰지 못하는 게 다소 아쉽지만 애플은 아이폰을 위해 반도체칩 자체를 설계하기 때문에 발열 문제를 줄이는 등 성능 효율화가 가능하고 각종 부품들과의 최적화에서도 완벽에 가까운 모습을 보일 수밖에 없다. 이러한 차이는 앞으로 스마트폰 개발 경쟁의 중요한 관전 포인트가 되고 있다.

점점 확대되는
반도체 전쟁

현재 전 세계에 반도체 전쟁이 벌어지고 있다. 미국은 2022년 8월 반도체지원법CHIPS and Science act을 발표했다. 미국에 공장을 짓거나 설비투자에 나선 글로벌 기업들에게 총 520억 달러 규모의 보조금 지원을 약속했다. 한국에서는 대통령이 직접 나서 용인시에 415만 제곱미터 규모의 용인반도체클러스터 조성에 나섰다. 그만큼 세계적으로 반도체의 중요성이 나날이 높아지고 있는 형국이다.

이제 반도체 기술 경쟁력이 개별 기업뿐 아니라 국가의 경쟁력으로 직결되는 시대다. 화웨이는 반도체칩 개발에서 세계적인 관심을 한눈에 받고 있고 삼성전자 스마트폰은 자체 제작 AP의 한계로 이슈가 부각되고 있다. 이런 반도체 경쟁은 스마트폰 업계만의 이야기가 아니다. 각 산업분야별로 스스로 반도체를 설계하고 개발하고 생산하려는 기업들이 늘어나고 있다. 그 중 테슬라도 애플과 같이 자체적으로 차량의 두뇌가 되는 컴퓨터를 설계하고 구축하는 데 적극적인 기업이다. 테슬라에 반도체 설계 기술이 중요해진 이유는 다름 아닌 자율주행기술 때문이다. 테슬라의 오토파일럿은 자동차 전체를 봤을 때는 소프트웨어 기술이지만 이를 구동하기 위해서는 강력한 성능을 자랑하는 하드웨어 기술도 뒷받침돼야 한다. 이게 바로 테슬라가 직접 반도체를 설계하고 슈퍼컴퓨터를 개발하려는 이유다. 이 기술 개발에 외부의 힘을 빌리거나 의존도가 높아진다면 테슬라의 성장성에 한계가 생길 수밖에 없다. 자체 AP 기술력 확보에 매진하는 것처럼 테슬라도 자율주행기술 등을 더욱 향상시키기 위해 반도체 개발에 총력을 다하는 것이다.

테슬라는 2021년 AI데이에서 테슬라 옵티머스 발표와 더불어 슈퍼컴퓨터 프로젝트인 도조Dojo를 처음 공개했다. 완전자율주행기술을 개발하기 위해 훨씬 더 많은 각종 데이터를 신속한 속도로 처리해야 하는 만큼 이를 위해 직접 반도체를 설계하고 슈퍼컴퓨터도 개발하기 시작한 것이다. 참고로 도조는 일본의 유도 경기가 열리는 '도장'의 일본식 표현이다. 일본 애니메이션 팬으로 유명한 머스크의 일본 사랑에서 비롯된 표현이다.

물론 아직까지 테슬라는 엔비디아의 고성능 AI칩에 크게 의존하고 있다. 하지만 비싼 가격 대비 떨어지는 전력 효율, 공급량 리스크 등의 문제를 안고 있다. 이에 테슬라는 자체적으로 기

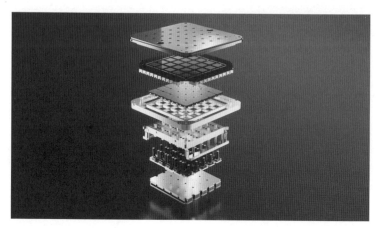

도조

술력을 확보하고 테슬라에 최적화된 반도체를 직접 개발하기로 마음 먹었다. 이를 위해 엔비디아, AMD, 애플, 삼성전자 등에서 내로라하는 엔지니어들을 대거 영입해 프로젝트를 시작했고 그렇게 성과가 하나둘 나오기 시작했다.

도조에 쓰이는 핵심 칩이 테슬라가 직접 설계한 'D1' 칩이다. D1 칩은 엔비디아의 AI 전용 고급 반도체인 A100 칩보다 5배 빠른 초당 처리속도를 가졌다. 이전에 자율주행 AI 기술을 학습하는 데 한 달이 걸렸다면 이제 일주일이면 같은 양의 데이터를 처리한다. 종합적으로 성능을 비교해봐도 6배 이상 우수하며 전력 소모량 역시 크게 단축시켰다. D1 칩은 2023년 대만의 파운드리 업체 TSMC를 통해 5만 개가량 생산됐다. 엔비디아 반도체의 단위당 비용인 20만 달러보다도 훨씬 저렴한 것으로 추산된다. 앞으로는 훨씬 더 많은 양의 D1칩이 양산될 것으로 기대된다. D1칩을 여러 개 이어붙이고 조합해서 완성한 슈퍼컴퓨터 도조는 2023년 7월부터 본격 가동되기 시작했다. 모건스탠리는 도조가 만들어낼 기업가치가 5,000억 달러가 될 것이라고 추산하고 있다.

D1칩은 테슬라 전용칩이다. 테슬라가 필요한 자율주행기술 개발에 최적화됐다. 그뿐만 아니라 휴머노이드 로봇 옵티머스 개발에도 이러한 반도체 칩 기술이 그대로 사용될 것이기 때문에 테슬라의 반도체 개발 역량은 더욱 중요해지고 있다. 테슬라가 꿈꾸는 완전자율주행차 기술과 휴머노이드 로봇의 AI 학습 경쟁력의 성패가 이젠 도조에 달렸다고 해도 과언이 아니다. 일론 머스크는 2024년까지 도조 개발에 10억 달러 이상을 투자하겠다고 밝혔다. 회사의 미래가 걸린 반도체 기술에 전략적으로 베팅하려는 것이다.

이제 테슬라를 전기차 기업이라고 부른다면 반은 맞고 반은 틀린 이야기다. 테슬라가 전기차로부터 시작한 것은 맞지만 지금은 반도체 개발 기술력을 바탕으로 슈퍼컴퓨터를 만들고 이를 통해 AI 기술을 고도화해 뛰어난 자율주행 소프트웨어를 만들 수 있는 종합 IT 기업에 더 가깝다. 이러한 기술력을 바탕으로 자동차와 휴머노이드 로봇, 그리고 기가팩토리라는 자동공정화된 공장을 잘 만들 수 있는 기업이 바로 테슬라인 것이다.

AGI를 향한 발걸음

이러한 테슬라의 행보는 궁극적으로 인공일반지능Artificial General Intelligence, AGI으로 수렴될 확률이 높다. 아직까지는 자율주행기술에 특화된 AI 기술 경쟁력을 갖추고 있는 테슬라지만 D1칩과 도조의 등장은 모든 상황에서 일반적으로 두루 쓰일 수 있는 AI, 즉 AGI 기술로의 확장가능성을 품고 있기 때문이다.

"우주 이해라는 목적을 달성하기 위해 착한 AGI를 구축하는 것이 x.AI의 목표다."

머스크는 2023년 7월 x.AI 설립을 기념해 가진 온라인 세션에서 x.AI가 나아갈 방향에 대해 이렇게 밝혔다. 오픈AI를 설립한 이유이기도 한 머스크의 '착한 인공지능'의 필요성은 앞으로 머스크가 강조해나갈 본인의 신념이자 가이드라인이 될 것이다.

머스크는 테슬라가 앞으로 보유하게 될 반도체 경쟁력을 본인의 모든 사업으로 확장해나갈 것이다.

테슬라는 휴머노이드 로봇 제작을 선언하며 사실상 탈전기차를 선언했는데, 이제 그 목표는 로봇을 넘어서 플랫폼과 우주개발로 확장될 것으로 보인다. 슈퍼컴퓨터 기술은 현재 테슬라가 인수한 SNS 서비스 X에도 적극 활용될 것이고 이를 바탕으로 슈퍼앱으로 나아가는 데 기술적 지원을 할 것이다.

또한 x.AI를 설립한 취지에 맞게 무한대의 데이터를 직접 분석하고 정리하고 처리해 생성형 AI 서비스를 비롯해 테슬라 고유의 AI 기술을 발전시킬 것이다. 첨단 기술의 결정체라 불리는 우주개발 기술의 고도화에도 슈퍼컴퓨터의 역할은 더욱 중요해질 수밖에 없는 만큼 테슬라의 반도체 투자는 일론 머스크가 운영하는 모든 사업의 미래와도 맞닿아 있다.

● 라이벌리

엔비디아, AI가 바꾼 반도체 산업의 미래

게임 시장의 왕좌는 그래픽 카드가 차지

현재 반도체 시장에서 가장 뜨거운 기업은 다름 아닌 엔비디아다. 한국예탁결제원에 따르면 2023년 8월 한 달간 국내 투자자들이 가장 많이 사들인 해외 기업 주식 중 엔비디아가 압도적 1위를 차지했다. 영원히 1위 자리를 지킬 것이라 믿었던 서학개미의 왕 테슬라의 자리를 빼앗아온 것이다. 어떻게 엔비디아는 테슬라보다 사랑받는 기업이 됐을까.

애플에 스티브 잡스가, 테슬라에 일론 머스크가 있다면 엔비디아에는 젠슨 황이 있다. 국내에선 황 사장, 황 회장이란 별명으로 불리는 젠슨 황 엔비디아 창업자 겸 현 CEO는 회사만큼 유명한 경영자다. 그의 트레이드 마크인 가죽 자켓은 잡스의 터틀넥만큼 유명하고 다부진 체격으로 왼팔에 새겨진 엔비디아 로고 문신은 자유로우면서도 회사에 대한 애정을 보여주는 그의 상징과도 같다.

반도체 기업 AMD의 CEO인 리사 수와 함께 대표적인 대만계 미국인 CEO인 젠슨 황은 1963년 대만에서 화학 응용 공학자였던 아버지와 영어 교사인 어머니 사이에서 태어났다. 1973년 열 살에 형과 함께 미국 켄터키주의 삼촌 집으로 보내지며 본격적인 아메리칸 드림을 키웠다.

인종차별과 학교 폭력 등으로 녹록지 않은 학창시절을 보내면서도 꿋꿋이 학업에 매진한 그는 오리건주립대학교 전기공학과를 거쳐 1992년 스탠퍼드대학교 대학원을 졸업했다.

젠슨 황은 꿈을 실현하는 몽상가다. 이제 막 꽃피기 시작한 PC 시대를 바라보며 그는 향후 컴퓨터가 그릴 새로운 미래에 대한 상상에 빠지곤 했다. 젠슨 황은 당시 문서 작성이나 수식 계산 등의 용도로 활용되던 PC가 향후 게임이나 음악, 그리고 동영상을 시청하는 멀티미디어 기기로 발전할 것이라고 일찌감치 예견했다. 그리고 그는 무엇보다 게임을 무척 좋아했다.

스탠퍼드대학교 졸업 직후 젠슨 황은 AMD에 입사해 반도체 설계일을 시작했다. 그는 스스로 가진 창업 DNA를 직감적으로 느꼈다. 일을 시작한지 얼마 되지 않은 1993년, 젠슨 황은 그래픽 칩셋 설계 엔지니어 커티스 프리엠과 크리스 말라초스키와 함께 미국 캘리포니아의 작은 아파트에서 엔비디아를 창업했다.

사실 창업 당시 젠슨 황의 목표는 '타도 인텔'이었다. 컴퓨터의 두뇌인 중앙 처리 장치CPU 시장을 장악하고 있는 인텔의 왕좌에 도전장을 내밀기 위해 멀티미디어 처리에 특화된 CPU를 개발하는 것이 목표였다. 하지만 인텔의 벽은 이제 막 창업한 엔비디아에게는 너무 높았다. 결국 자신들의 장기인 그래픽 처리 장치GPU 개발로 선회한 엔비디아는 1995년 'NV1'이란 첫 그래픽 칩셋 제품을 공개했다.

이는 철저히 실패했다. 비싼 가격에도 불구하고 성능은 시장의 기대치에 못 미쳤고 호환성이 떨어져 활용도가 적었다. 위기를 맞은 엔비디아에게 손을 내민 기업은 일본 게임 개발사 세가Sega였다. 세가는 엔비디아의 성장 가능성에 베팅해 수백만 달러를 투자했다. 이후 1997년 엔비디아는 NV1의 후속작인 'RIVA128'를 성공적으로 출시하며 본격적으로 이름을 알리기 시작했다. 이어서 1999년 엔비디아의 대표적인 GPU 브랜드 'GeForce' 시리즈의 시초인 GeForce 256이 출시되면서 그래픽 카드 시장 리더로 발돋움했다.

멀티미디어 시대를 예측했고 이를 기술로 구현했던 젠슨 황은 또다시 새로운 그림을 그렸다. 그래픽 처리 전용 칩셋의 변신이었다. GPU는 3D 게임과 고화질 동영상, 영상 편집프로그램 작업 등에 특화된 반도체로 개발됐다. 그렇다 보니 CPU와 비슷한 특성을 가진 GPU는 사실 CPU를 보조하는 멀티미디어 처리 전문칩이라는 인식이 강했다.

하지만 젠슨 황은 오히려 복잡한 수학 연산이나 단순 계산에서는 CPU보다 더 나은 성능을 보이는 GPU의 병렬처리 능력에 주목했다. 젠슨 황은 GPU에서 멀티미디어 처리 능력을 제거하는 대신 단순 연산을 빠르고 정확하게 처리하는 고성능 칩을 개발하기로 했다. 그렇게 2007년 '테슬라'라는 데이터센터용 고성능 칩이 개발됐다. 공교롭게도 우리가 알고 있는 일론 머스크의 테슬라와 이름이 같다. 게임용이 아닌 범용 연산에 쓰이도록 개발된 고성능 연산 작업 칩으로 데이터센터나 슈퍼컴퓨터 등에 쓰이도록 개발됐다.

젠슨 황은 인터넷이 전 세계적으로 보급되고 모든 사람들이 이를 이용하고 생산하는 수많은 데이터에 주목했다. 많은 기업들이 이런 데이터를 저장하고 처리하기 위해 방대한 데이터 센터를 구축했고 클라우드 산업이란 새로운 세상이 열리기 시작했다. 젠슨 황은 이런 데이터를 단순 처리하고 계산하고 연산하는 데 GPU만한 칩이 없다는 점을 감각적으로 알고 있었던 것이다.

또한 당시 구체적이고 실질적으로 구현되지는 않았지만 인공지능AI, 딥러닝, 메타버스 등 미래 기술이 현실화되면서 다가올 미래에 대한 밑그림이 필요했다. 첨단 기술의 발전으로 무궁무진한 데이터를 수용해 분석하고 처리하는 컴퓨팅 기술의 발전은 필수불가결할 것이란 점 역시 젠슨 황의 머릿속에 이미 들어있었다. 대중들에게 그저 게임 그래픽 카드 개발사 정도로 인식되던 엔비디아는 물밑에서 치열하고 경쟁적으로 기술 개발에 몰두하며 미래의 청사진을 그려뒀고 이러한 노력은 지금 빛나기 시작했다.

운을 타고났다고? 사실은 운이 아닌 이유

사실 엔비디아는 언뜻 보기에 그저 운이 좋은 기업이다. 게임 그래픽카드 시장의 성장이 정체되고 '제 살 깎아먹기식' 경쟁으로 이어지던 2010년대 후반 갑작스레 등장한 암호화폐 붐은 엔비디아에 큰 기회가 됐다. 엔비디아의 GPU 칩이 비트코인과 같은 암호화폐 채굴에 뛰어난 성능을 발휘한다는 입소문을 타고 엔비디아의 최신형 그래픽 카드가 날개 돋힌 듯 팔려나갔다. 진짜 게임을 즐기려 한 게이머들조차 시세의 2-3배 이상 오른 엔비디아 칩을 구하지 못해 발을 동동 구르는 해프닝이 발생했다. 이후 제1차 암호화폐 붐이 식으며 엔비디아의 위기론도 고개를 들었다. 그런데 이번에는 코로나19 바이러스 대유행이 터졌다.

엔비디아는 코로나19 대유행의 최대 수혜기업으로 손꼽힌다. 언택트 시대가 열리며 많은 사람들이 집안에만 머물렀고 집에서 즐길 가장 대표적인 여가생활인 게임 인구가 늘면서 자연스레 그래픽카드 판매량이 크게 늘었다. 게임을 즐기기 위해 많은 사람들이 PC를 새로 사기 시작했고 당연히 엔비디아의 그래픽 카드가 불티나게 팔렸다.

코로나19 바이러스의 대유행은 예상치 못하게 제2차 암호화폐 붐을 다시 일으키기도 했다. 또다시 채굴 용도의 엔비디아 그래픽카드 칩에 대한 수요가 폭증했다. 코로나19 바이러스 대유행이 많은 사람들과 기업들에 피해를 입혔지만 엔비디아에는 겹호재로 작용한 것이다.

그리고 엔데믹이 선언되고 암호화폐 하락기가 다시 시작되며 엔비디아의 위기설이 재점화됐다. 그간 쌓여있던 재고는 처리가 어려울 정도였고, 한번 올린 가격을 다시 내리기도 어려워지면서 위기에 봉착한 것이다. 젠슨 황이 핵심 미래 산업이라 공표했던 메타버스는 여전히 지지부진했다. 그의 예지력도 운을 다한 듯 보였다.

젠슨 황은 다시금 엔비디아의 미래 먹거리로 자율주행차 산업을 손꼽으며 관련 칩 개발과 기술 개발에 매진하는 시기, 다시 하늘이 엔비디아를 도왔다.

2023년을 강타한 생성형 AI 열풍이다. 챗GPT로 촉발된 AI 기술 경쟁은 핵심칩 기술 경쟁력을 확보한 엔비디아의 몸값을 천정부지로 높이는 기회가 됐다. "되는 집에는 가지 나무에도 수박이 열린다"는 옛말이 엔비디아에 딱 맞았다. 엔비디아는 AI 전용 반도체칩 H100은 1개당 4만 달러라는 비싼 가격에도 불구하고 AI 기술 개발에 나선 기업들이 경쟁적으로 구입에 나서며 엔비디아의 핵심 제품으로 부상했다. 2023년 H100의 생산목표가 50만 대로 세워진 가운데 2024년 150~200만 대 가량이 생산되고 판매될 예정이다.

대형언어모델LLM 처리에 최적화된 이 칩은 수억, 수조 개의 데이터를 수집해 분석하고 원하는 질문에 답을 내놓아야 하는 생성형 AI 기술에 필수적인 칩이다. 오픈AI, 마이크로소프트, 구글, 메타,

아마존, 테슬라 등 AI 기술에 사활을 건 굴지의 기업들에게 이러한 기술 경쟁력은 얼마나 많은 H100칩을 쓸 수 있느냐에 달렸다는 이야기가 나오고 있다. 이미 구매를 예약한 기업 물량으로만 2024년도 생산량까지 다 팔렸을 정도다. 미국의 반도체 규제로 H100 수급이 어려운 중국의 IT기업들은 H100의 성능을 다운그레이드한 AI칩을 되는 대로 구입하고 있으며 중동의 오일머니 역시 엔비디아의 AI칩 구매를 위해 줄을 섰다. 그만큼 칩의 성능이 좋을 뿐만 아니라 대체 불가능한 독보적 칩으로 자리매김했다.

흥미롭게도 현재 잘나가는 AI 기업들이 자사의 기술력을 홍보하는 데 쓰이는 대표적 문구가 바로 엔비디아의 H100칩을 몇 개 보유했느냐다. 어떤 데이터 처리 기술을 보유했느냐의 바로미터가 H100칩의 개수인 것이다. 현재 전세계 AI칩 시장의 90% 이상은 엔비디아가 차지하고 있다. 압도적인 시장 점유율을 보유한 엔비디아의 독주는 당분간 적수가 없을 것으로 보인다.

실적과 주가도 잇달아 호조를 보이고 있다. 2023년 1분기 엔비디아의 데이터 센터 부문 매출은 43억 달러를 기록하며 업계 1위였던 인텔의 37억 달러를 처음으로 뛰어넘었다. 이어 2분기 매출은 103억 2,000만 달러까지 치솟으며 40억 달러를 기록한 인텔을 압도했다. 2023년 2분기의 엔비디아 데이터 센터 매출은 전년 동기 대비 171% 성장한 것으로 전체 매출의 76%에 해당한다. 기존 엔비디아의 주력 매출 사업이던 게임 부문 2분기 매출은 24억 9,000만 달러에 그쳤다. 이제 게임 그래픽 카드 개발사 엔비디아가 아닌 고성능 AI칩 개발사 엔비디아라 해도 과언이 아니다.

당연히 주가도 급등했다. 2023년 5월 엔비디아는 장 중 처음으로 시가총액 1조 달러를 돌파하며 반도체 기업 최초의 시총 1조 달러 클럽에 가입했다. 이후 등락을 거듭하던 엔비디아 시가총액은 2023년 10월 2일 종가 기준 1조 1,100억 달러에 달한다.

고평가 논란에도 불구하고 엔비디아의 미래는 여전히 밝은 것으로 보인다. 엔비디아는 여러 빅테크 기업들과 제휴하고 협력해 새로운 신제품을 만들고 AI에 특화된 반도체를 지속적으로 개발할 방침이다. 젠슨 황 회장은 6개월마다 새로운 AI칩을 개발해 선보이며 기술 경쟁력을 더욱 공고히 해나갈 방침이다.

젠슨 황이 공을 들이고 있는 자율주행차 관련 반도체 산업 역시 이제 막 그 몸집을 키워가고 있다는 점 역시 기대를 모은다. 엔비디아는 테슬라와 같이 자체적으로 자율주행기술을 보유하지 못한 자동차 제조사에 딥러닝 기술에 기반한 자율주행기술을 제공하고 있다. 현재 테슬라가 자체 개발한 자율주행기술을 하나의 상품화를 통해 판매하려는 것과 비슷한 사업에 이미 엔비디아가 진출한 것이다. 실제 중국 자율주행 전기차의 절반 가량이 엔비디아 드라이브 칩을 채용한 것으로 알려졌다. 리서치 기관 캐널리스에 따르면 2023년 1분기 중국 친환경차에 공급된 자율주행기술 반도체 시장에서 엔비디아가 44.2%의 점유율을 기록한 것으로 확인됐다. 고도화된 자율주행기술을 직접 개발하는 것보다 엔비디아의 완성형 자율주행기술을 도입하는 것이 훨씬 효율적이기 때문이다.

물론 이런 독점적 영향력으로 인한 부작용에 대한 우려도 크다. 정부 기관의 규제뿐 아니라 엔비디아에 종속되지 않으려는 여러 기업들의 노력도 현재 진행형이다. 대표적으로 애플과 테슬라가 자체반도체 칩을 통해 자생력을 키우려 하고 있고 중국과 일본, 한국의 반도체 기업들과 각종 제조사들은 반도체 독립에 열정을 발휘하고 있는 상태다.

테슬라는 D1칩이 엔비디아의 H100보다 더 나은 설계 기술력으로 이미 우위에 있다고 강조한 만큼 이러한 테슬라의 '엔비디아 타도'가 가능할지도 관심사다. 테슬라는 D1칩과 도조의 기술 경쟁력이 충분히 갖춰질 경우 이를 별도로 사업화해 나갈 방침이다. 당장은 엔비디아로부터 칩을 제공받는 입장이지만 머지 않은 미래에는 엔비디아와 직접 경쟁할 반도체 기업 테슬라의 경쟁력도 기대된다.

일론 머스크와
한국의 기업들

일론 머스크 만난 삼성 수장, 이재용

2023년 5월, 일론 머스크는 이재용 삼성전자 회장과 미국 실리콘밸리에서 첫 만남을 가졌다. 삼성전자는 테슬라의 완전자율주행FSD 1세대 반도체칩 생산을 전담해왔다. 이후 파운드리 경쟁사 TSMC의 수주 확대로 위기감을 느낀 가운데 차세대 FSD칩 수주를 위한 총력전에 나선 것으로 보인다. 이재용 회장은 이 출장 기간 동안 젠슨 황 엔비디아 CEO를 비롯해 업계 거물들을 두루 만나며 격화되는 반도체 시장 경쟁을 선점하기 위한 광폭행보를 이어갔다. 테슬라를 필두로 한 전기차 시장의 파이가 빠르게 커져가는 만큼 시장 리더십은 속도전에 달려 있다. 삼성전자 역시 이 시장을 놓치지 않기 위해 시스템 반도체 경쟁력을 앞세워 테슬라와의 협력 강화에 '올인'한 셈이다. 삼성전자는 테슬라뿐만 아니라 엔비디아, AMD, 엄브렐라 등 미국을 대표하는 반도체 설계기업과의 동반성장을 이뤄가고 있다.

테슬라가 새롭게 창조해낸 전기차 경제는 삼성전자를 비롯해 그간 내공을 쌓아오던 국내 기업들에게 새로운 기회를 제공하고 있다. 기계장치였던 자동차가 이제는 전자장치(전장)로 탈바꿈함에 따라 IT기술 강국 대한민국의 경쟁력이 더욱 빛나는 것이다. 삼성전기는 전기장치의 핵심 부품으로 반도체산업의 '쌀'이라고 불리는 적층세라믹캐패시터MLCC 시장을 미래 성장동력으로 삼아 집중적으로 투자를 늘려가고 있다. 또 배터리에서 발생한 전력을 반도체가 필요한 전략으로 변환시키는 부품인 파워인덕터를 제2의 MLCC로 키우겠다는 구상을 갖고 미래 먹거리로 낙점했다.

테슬라 자율주행기술의 핵심인 카메라 모듈 역시 국내 기업들이 눈여겨보는 시장이다. 카메라 모듈 경쟁력을 갖춘 삼성전기와 LG이노텍 등이 테슬라에 부품을 공급한다는 소식들이 나올 때마다 증권과의 관심을 받고 있다. 비밀유지계약 등의 이유로 삼성전기는 2023년 9월 미국 전기차 업체에 카메라 모듈 공급 계약을 맺었다고만 공시했지만 업계에서는 테슬라일 확률이 높다고 점치고 있다. LG이노텍 역시 테슬라의 차기작 사이버트럭에 카메라모듈을 공급하는 계약을 맺은 것으로 알려진 상태다.

그외 국내에서는 테슬라 관련주 테마로 묶이는 중견·중소기업 등 부품 제조 및 공급사들 역시 테슬라의 실적, 판매량, 호재와 악재에 즉각적으로 영향을 받고 있다.

배터리 3사와 테슬라

LG에너지솔루션, SK온, 삼성SDI 등 국내를 대표하는 배터리 3사도 전기차 배터리 시장을 공략하기 위해 쉬지 않고 담금질을 하고 있다. 국내 기업 중 유일한 테슬라 배터리 제공업체인 LG에너지솔루션은 최근 일본 토요타 자동차에 전기차용 배터리를 공급하는 계약을 맺으며 화제를 모았다. 합작공장을 제외한 전기차 배터리 단일 수주계약으로는 최대 규모인 연간 20기가와트시 GWh 규모의 장기 공급계약이다. LG에너지솔루션은 이 계약으로 글로벌 톱5

완성차 회사(토요타·폭스바겐·현대차그룹·GM·르노닛산미쓰비시) 모두에 배터리를 공급한다.

테슬라의 배터리 납품업체이지만 기술 개발에서는 테슬라와의 경쟁이 심화되고 있다. 테슬라가 주력 배터리 셀로 개발해 생산 중인 4680 셀 시장에서 테슬라가 자체 생산 역량을 강화하고 있는 만큼 이는 LG에너지솔루션에게는 자칫 위기로 이어질 수 있다. LG에너지솔루션 역시 4680 셀 공장을 확대해 더 다양한 글로벌 협력사를 확보하며 협력과 경쟁 사이에서 줄타기 하고 있다.

에너지저장시스템ESS 분야 역시 테슬라와 LG에너지솔루션이 치열한 경쟁을 펼치고 있는 산업분야 중 하나다. 테슬라와 BYD와 맞서 LG에너지솔루션은 2022년 현지에서 사업 중인 NEC에너지솔루션을 인수하며 진검승부를 겨루고 있다. 특히 미·중 갈등으로 미국의 완성전기차 업체와 중국의 배터리 제조사 간 협력에 균열이 생기고 있는 만큼 국내 배터리 기업에는 기회가 될 것이라는 기대가 커지고 있다.

테슬라의 자체 배터리 생산 경쟁력이 높아질수록 LG에너지솔루션 등 배터리 모듈 및 팩 생산기업의 긴장감은 높아지지만 오히려 배터리 부품 개발 업체들은 웃고 있다. 국내 양극재 제조업체 엘앤에프는 테슬라에 2024~2025년 2년간 29억 달러에 달하는 하이니켈 양극재를 공급하는 계약을 체결했다. 사실상 메인 공급사로 선정된 것이다. 양극재 등 배터리 부품을 수주해 배터리 팩까지 직접 만들겠다는 테슬라의 배터리 독립 의지가 반영된 것이다. 이

로 인해 그간 국내 기업에 대부분의 물량을 공급해오던 엘앤에프는 국내 의존
도를 낮출 수 있게 됐다. 이처럼 전기차 시장의 성장과 더불어 관련 기업이 이
해관계가 맞물리며 복잡하게 돌아가고 있다.

피할 수 없는 경쟁, 현대차

반도체, 배터리 등 테슬라와 다양한 협력과 경쟁을 펼쳐가고 있는 산업도
있지만 테슬라와 가장 접점이 많은 기업은 당연하게도 현대·기아차일 수밖에
없다. 국내를 대표하는 제조차 기업 현대차 역시 테슬라의 전기차 혁신에 동
참하며 재빠른 대응에 나서고 있다. 필자는 2022년 4월 뉴욕 맨하튼에서 개
최된 '뉴욕오토쇼' 행사에서 열린 뉴욕특파원 간담회로 참석한 정의선 현대차
그룹 회장과 1시간 정도 이야기를 나눌 수 있었다. 북미 시장을 비롯한 글로
벌 시장 경쟁력을 확보 중인 현대차 입장에서는 새롭게 떠오르는 전기차 시
장 경쟁력을 어떻게 확보하느냐는 현재를 넘어 미래가 걸린 문제다. 그런 만
큼 정 회장은 신중하며 진중하게 말했지만 분명히 전기차 시장에서도 현대차
만의 경쟁력을 앞세워 시장 선도적 역할을 해나갈 것을 힘주어 말했다. 물론
테슬라의 기술 경쟁력과 시장 영향력은 현대차뿐 아니라 전 세계 전기차 기업
들에게 절대적이지만 조금씩 균열이 나타나고 있는 것도 사실이다. 테슬라는
자사의 고속 충전 시스템 슈퍼차저를 경쟁사들에게도 이용할 수 있도록 했다.
이에 반대해온 현대차 역시 긍정적으로 해당 충전기술 사용을 검토하고 있다.

또한 현대차는 자체적으로 개발하고 있는 신규 전기차 플랫폼과 배터리 기술 등을 더욱 발전시켜 현대차만의 전기차 시장 확장에 나설 것이다. 오히려 자동차 업체들이 이동 수단 대신 공간의 개념으로 자동차를 발전시키고 있는 상황에서 사람의 역할을 대신할 휴머노이드 로봇 산업에서는 보스턴 다이나믹스를 앞세운 현대차가 시장을 주도할 것이라 기대된다. 따라서 향후 자동차 산업은 물론이고 로봇 산업에서도 테슬라와 치열한 경쟁이 예상된다.

국내진출 선언한 스페이스X 스타링크

2023년 초로 처음 알려졌던 스페이스X 저궤도 통신 서비스 '스타링크'의 출시 시점은 결국 2024년으로 미뤄졌다. SKT, KT, LG유플러스 등 이동통신 3사가 장악한 이동통신 산업에 어떠한 영향력을 미칠지를 두고 시장의 관심이 뜨겁지만 일단 스타링크는 기업간거래B2B를 중심으로 사업을 펼쳐나갈 것으로 예상된다. 이미 포화 산업인 이동통신 산업에 신규 사업자로서 경쟁력을 갖추기가 쉽지 않은 탓이다. 국내 IT 인프라와 통신기지국 설비가 이미 충분히 갖춰진 점이 통신 인프라가 열악하거나 땅덩어리가 넓어 인프라 구축이 쉽지 않은 다른 나라와는 크게 다르기 때문이다. 다만 스타링크를 필두로 머스크의 우주개발 사업이 직접적으로 국내에 영향력을 미치기 시작할 것인 만큼 관련 업계에서는 신선한 자극이 될지 시장에 파괴적인 영향을 미칠지를 두고 계산이 분주해지고 있다.

일론 머스크가 운영하는 기업들

회사명	**테슬라**
창업년도	2003년 7월
머스크 직책	CEO(테크노킹)
본사 소재지	캘리포니아 호손
직원 수	약 12만 7,000명

SPACEX

회사명	**스페이스X**
창업년도	2002년 5월 6일
머스크 직책	CEO
본사 소재지	텍사스 오스틴
직원 수	약 9,500명

회사명	**X Corp.**
창업년도	2023년 3월
머스크 직책	이사회 의장
본사 소재지	캘리포니아 샌프란시스코
직원 수	약 1,500명

회사명	**x.AI**
창업년도	2023년 3월
머스크 직책	이사회 의장
본사 소재지	캘리포니아 샌프란시스코
직원 수	약 100명

회사명	**보링컴퍼니**
창업년도	2017년 1월
머스크 직책	이사회 의장
본사 소재지	텍사스 배스트롭
직원 수	약 200명

회사명	**뉴럴링크**
창업년도	2016년 6월
머스크 직책	이사회 의장
본사 소재지	캘리포니아 프리몬트
직원 수	약 300명

일론 머스크의 글로벌 라이벌 기업들

회사명	주요분야	사업(상품)명	경쟁사
테슬라	전기차	모델3 사이버트럭	GM 포드 도요타 BYD 상해차 빈패스트 리비안 루시드 니콜라
	자율주행기술	오토파일럿	크루즈(GM) 아르고(포드) 웨이모(구글) 모빌아이(인텔) 죽스(아마존) 바이두
	전기차 고속 충전소	슈퍼차저	BMW 벤츠 혼다
	휴머노이드 로봇	옵티머스	보스턴다이나믹스
	배터리	4680 배터리 셀 기가팩토리 네바다	BYD(중국) LG에너지솔루션 CATL
	반도체 및 슈퍼컴퓨터	도조	엔비디아 인텔 AMD 애플(자체설계) SMIC(파운드리)
	생산공장	기가팩토리	토요타 폭스바겐 현대차
	태양광 발전	솔라시티	선런 선파워 트리니티솔라
	에너지 저장	파워월 파워팩	LG에너지솔루션 BYD 선그로우 엔페이즈
스페이스X	우주선 개발	스타십	블루오리진 버진갤럭틱
	우주발사체 개발	팰컨9	블루오리진(뉴글렌) ULA(벌컨 센타우르) 로켓랩 아리안스페이스
	저궤도 소형 인공위성	스타링크	카이퍼프로젝트(아마존) 원웹(영국) 텔레셋(캐나다) 지스페이스(중국)
X Corp.	SNS	X	스레드 페이스북 인스타그램(메타) 틱톡
	슈퍼앱	X	위챗 우버 카카오
x.AI	인공지능	TruthGPT	오픈AI 구글 MS 아마존 메타
보링컴퍼니	교통 인프라	하이퍼루프 (보링테스트 터널)	버진하이퍼루프원
뉴럴링크	신경과학	뇌 이식 인터페이스 칩	싱크론 블랙록뉴로테크

일론 머스크의 한국 라이벌 기업 및 협력 기업

회사명	주요분야	경쟁사	협력사·관계사
테슬라	전기차	현대차그룹	KEC(터치스크린) 명신산업(차체) 센트랄모텍(컨트롤암) 계양전기(전자파킹브레이크모터) 아모그린텍(자성소재)
	자율주행기술	모셔널(현대차) 포티투닷(현대차)	만도(ADAS 부품)
	전기차 고속 충전소	현대차그룹	SK그룹 LG전자 한화그룹
	휴머노이드 로봇	보스턴다이나믹스(현대차) 두산로보틱스 레인보우로보틱스	•
	배터리	LG에너지솔루션 SK온 삼성SDI	LG에너지솔루션 엘앤에프(양극재)
	반도체 및 슈퍼컴퓨터	삼성전자 SK하이닉스	•
	태양광 발전	한화큐셀	•
	에너지 저장	LG에너지솔루션 한화	삼성SDI
스페이스X	우주선 개발	한화그룹	•
X Corp.	슈퍼앱	카카오 네이버	•
x.AI	인공지능	네이버 카카오 SKT	•
보링컴퍼니	교통인프라	•	•
뉴럴링크	신경과학	•	•

일론 머스크 디스럽션 X

초판 1쇄 2023년 10월 27일

지은이 추동훈
펴낸이 최경선
편집장 유승현

편집부 서정욱 정혜재 김민보 장아름 이예슬
마케팅 김성현 한동우 구민지
경영지원 김민화 오나리
디자인 김보현 이은설

펴낸곳 매경출판㈜
등록 2003년 4월 24일(No. 2-3759)
주소 (04557) 서울시 중구 충무로 2(필동1가) 매일경제 별관 2층 매경출판㈜
홈페이지 www.mkpublish.com **스마트스토어** smartstore.naver.com/mkpublish
페이스북 @maekyungpublishing **인스타그램** @mkpublishing
전화 02)2000-2630(기획편집) 02)2000-2646(마케팅) 02)2000-2606(구입 문의)
팩스 02)2000-2609 **이메일** publish@mkpublish.co.kr
인쇄 · 제본 ㈜M-print 031)8071-0961
ISBN 979-11-6484-622-1(03320)